Zeugen des Jahrhunderts

Marta Feuchtwanger

Leben mit Lion

W0417922

Marta Feuchtwanger
Leben mit Lion

Gespräch mit Reinhart Hoffmeister
in der Reihe
»Zeugen des Jahrhunderts«

herausgegeben von Ingo Hermann
Redaktion: Jürgen Voigt

Lamuv

CIP-Titelaufnahme der Deutschen Bibliothek

Feuchtwanger, Marta:
Marta Feuchtwanger, Leben mit Lion : Gespräch mit Reinhart Hoffmeister in der Reihe »Zeugen des Jahrhunderts« / hrsg. von Ingo Hermann. – Göttingen : Lamuv, 1991
(Zeugen des Jahrhunderts)
ISBN 3-88977-278-1
NE: Hoffmeister, Reinhart:

Bitte fordern Sie unser Gesamtverzeichnis an:
Lamuv Verlag, Düstere Straße 3, D-3400 Göttingen

1. Auflage, Oktober 1991
© Copyright Lamuv Verlag GmbH, Düstere Straße 3, D-3400 Göttingen 1991

Alle Rechte, insbesondere das Recht der Übersetzung, der Vervielfältigung und Verbreitung, vorbehalten. Kein Teil des Werkes darf in irgendeiner Form (durch Fotokopie, Mikrofilm oder ein anderes Verfahren) ohne schriftliche Genehmigung des Verlages reproduziert oder unter Verwendung elektronischer Systeme verarbeitet, vervielfältigt oder verbreitet werden.
Umschlaggestaltung: Gerhard Steidl unter Verwendung eines Fotos von dpa
Gesamtherstellung: Steidl, Göttingen
ISBN 3-88977-278-1

Inhaltsverzeichnis

Leben mit Lion

Veilchen im Januar

Es geschah auf dem Hausball seiner Schwester. Meine Freundin Franziska lud mich dazu ein. Über Lion Feuchtwanger hatte ich in der Zeitung gelesen, er sei ein Naseweis und zu jung für das Schreiben von Kritiken. Ich freute mich auf den Ball und fragte, ob der Lion auch kommen würde. Franziska: »Das ist nicht sicher, er ist immer mit Schauspielerinnen zusammen und hat für Backfische nichts übrig, ›Gänsehüpfen‹ nennt er so was.«

Ich hatte mich also damit abgefunden, daß nichts sein wird, aber dann kam er doch.[1] Sieht mich und sagt: »Sie kenne ich, ich hab Sie von Anfang an nicht leiden können!«

Ich frage: »Woher kommt das?«

Und er: »Ich hab Sie auf der Ausstellung gesehen, beim Promenadenkonzert. Mein Freund, der Hofmusiker Hartmann-Trepka, Violinist, hatte sich in Sie verliebt und ging hinter Ihnen her, als Sie mit Ihren Eltern auf- und abspazierten. Ich mußte mit ihm gehen, und das hat mich geärgert. Außerdem mag ich nur blonde Frauen, und da bin ich gar nichts für Sie!«

Ich hab ihn ruhig angehört und nichts gesagt. Das hielt er für hochmütig und ironisch, aber ich war nur eingeschüchtert.

Dann sagt er: »Ach, was tun wir hier bei den jungen Dingern, gehn wir in ein Weinrestaurant.«

---

1 Die Anmerkungen finden sich auf Seite 99.

Ich erschrak furchtbar und sagte: »Wie komme ich dazu, meine Eltern würden das nie erlauben.«

Sagt er: »Die brauchen es ja nicht zu wissen – aber Sie trauen sich ja nicht.«

Das ließ ich mir nicht gefallen und sagte: »Doch, ich trau mich!«

Wir sind weggegangen, zusammen mit Hartmann-Trepka, in das Weinrestaurant. Kaum saßen wir, fing der Trepka an, meine Hand zu küssen, immer rauf den Arm. Ich war empört, bin aufgesprungen und sagte: »Sie verteidigen mich nicht gegen diesen Zudringling!« und bin raus und davon gelaufen.

Die haben schnell noch bezahlt und sind hinter mir hergelaufen, den ganzen Weg durch die Innenstadt bis an die Isar, wo meine Eltern wohnten. Sie haben mich nicht einfangen können, ich war immer eine gute Sportlerin. So fing unsere Bekanntschaft an.

Daß Lion zu dem Hausball kam, war ein Zufall. Es ging ihm damals sehr schlecht, weil er sich mit seinen Eltern nicht vertrug.[2] Ihren monatlichen Scheck hatte er abgelehnt und wohnte in einer armseligen Bude im vierten Stock, wo es nicht mal Wasser gab. Er mußte immer runtergehen und Wasser holen. Aber das war ihm lieber als das Haus der Eltern, denn dort war es so orthodox, und er war nicht für die Orthodoxie, hatte sich selbständig gemacht und lebte von ein paar Artikeln und als Hauslehrer.

Meinen Geburtstag wußte er und hat mir einen Strauß Veilchen geschickt, was damals, im Januar, etwas Unerhörtes war, denn in Deutschland gab's keine Veilchen, sie kamen aus Parma in Italien.

Es erregte großes Aufsehen bei mir zu Hause. Meine Eltern waren sehr für die Familie Feuchtwanger, die Feuchtwangers waren doch die großen Fabrikanten. Da haben meine Eltern sich geehrt gefühlt, daß ich von dem Sohn einen Veilchenstrauß bekommen hatte.

Lion hatte mir zu dem Strauß geschrieben, daß er ein Gedicht[3] gemacht hat auf mich, und das ist in der »JUGEND« erschienen, und von dem Geld, das er dafür bekommen hat, hat er den Veilchenstrauß gekauft.

Dann haben wir nichts mehr voneinander gehört. Ich war längere Zeit in Nürnberg, und er ist, glaube ich, mit seinem Bruder und seinen Vettern per Rad nach Italien gefahren.

Im Herbst rief er an und fragte, ob er mich einladen dürfte zu einem Ausflug ins Isartal. Ich hab zugesagt, und wir sind zusammen im Isartal gewandert, und von da an war unsere Bekanntschaft abgeschlossen.

Ich bin oft auf seine armselige, erste Bude gekommen. Das fand er aber doch zu schlimm und hat sich eine etwas bessere Bleibe gesucht. Die war in der Burgstraße in einem Haus, das an die alte Burg angelehnt stand. Es war eine Burg aus dem Mittelalter, dazu gehörte ein finsterer alter Bogen. Durch den mußte man rein und eine dunkle Treppe hinauf. Gegenüber von Lions Fenster, im Nachbarhaus, war das Fenster, wo Mozart den »Idomeneo« geschrieben hatte. Unter Lions Fenster gab's ein Geschäft, das hieß »Buchweizen«. Eines Nachts stand Lion am Fenster. Unten war ein Betrunkener, und der grüßte herauf: »Guten Abend, Herr Buchweizen, wie geht es Ihnen?« Das war seine Umgebung. Aber in der Nähe das Theater, das war wichtig, weil Lion Kritiken für die »Weltbühne« schrieb – damals hieß sie noch »Schaubühne«.[4]

Dann mußten wir heiraten, man konnte es nicht mehr verbergen. Meine Eltern waren verhältnismäßig vernünftig, weil sie sich geehrt fühlten, daß ein Sohn der Feuchtwangers mich ausgewählt hatte. Aber Lions Eltern waren sehr ungehalten. Sein Vater ging zu meinem Vater und sagte: »Ich höre, daß mein Sohn Ihre Tochter heiraten will. Aber ich warne Sie. Ich muß Ihnen sagen, mein Sohn ist ein Lump, und wenn Ihre Tochter ihn heiratet, ist sie auch nicht besser!« Das war der väterliche Segen.[5]

Waren die Juden in München sehr orthodox?

Lions Eltern waren streng orthodox. Meine Eltern waren reformiert. Es ist merkwürdig: Die reichen Juden waren orthodoxer als die Juden der mittleren Bürgerschicht, zu der meine Eltern gehörten.

Hatte das einen Einfluß auf Ihre Heirat?

Nein, das hat keinen Einfluß mehr gehabt. Wir haben in einem alten Rathaus in Überlingen am Bodensee geheiratet. Seine Eltern kamen und meine und natürlich ein Freund, der als Trauzeuge gelten mußte. Nach der Hochzeit sind wir allein weitergewandert.

Ich hatte eine kleine Erbschaft gemacht. Mein Mann hatte auch Geld bekommen. Er sollte nämlich Privatdozent werden (Professoren konnten Juden damals in München nicht werden). Privatdozent, das hieß Habilitierung. Lion hatte über »Die Anfänge des Deutschen Journalismus« geschrieben und war fast fertig. Sein Vater drängte ihn, er solle Hochschullehrer werden. Lion hatte keine Lust dazu, er war schüchtern und hatte Angst vor den Studenten. Da hat er seine Habilitationsschrift an die »Frankfurter Zeitung« verhökert, und die hat sehr gut gezahlt. So sind wir dann mit meiner kleinen Erbschaft und seinem Geld losgezogen. Erst ins Inselhotel am Bodensee und dann in die Schweiz und weiter nach Monte Carlo, und da haben wir dann alles verloren, das ganze Geld.

Im Spielkasino?

Na – haben wir gespielt! Wir waren furchtbar unerfahren und haben geglaubt, man kann auch gewinnen. Schien aber nicht der Fall zu sein.

Die Direktion kam zu uns und sagte, sie hätten gesehen, daß wir große Verluste hätten. Wir sahen sehr jung aus, und die wußten nicht, ob wir verheiratet waren, wir trugen keine Eheringe.

Dann sagten sie: »Wenn Sie wünschen, geben wir Ihnen gern das Geld, damit Sie nach Hause fahren können.« Natürlich wußten sie, daß wir Deutsche waren. Ich sagte: »Ja, das ist schön, natürlich.«

Hat der Mann gesagt: »Wir geben Ihnen nicht das Geld, nur die Billette, damit Sie wirklich nach Hause fahren und nicht wieder spielen.«

Hab ich gesagt: »Darauf gehen wir nicht ein, da wollen wir lieber kein Geld haben.«

Wir gingen in unser elegantes Grand-Hotel und packten unsere Rucksäcke. Alles, was wir hatten, haben wir verhökert und verpfändet, die Eheringe, die goldenen Uhren und meinen Brillantring. Dann zogen wir los, zu Fuß, über die Berge und an die italienische Riviera und durch Italien, immer zu Fuß, kreuz und quer. Und haben die merkwürdigsten Abenteuer erlebt.[6]

Bei Brecht liest man, er habe Sie bewundert. Marianne, seine damalige Gefährtin, habe sich beklagt, daß er mit Ihnen »sinnlich« getanzt habe. Und Thomas Mann schreibt von der »schönen Frau Feuchtwanger, die so ägyptisch aussieht«.

Für mein Gesicht kann ich nichts. Vielleicht ist es interessant, was mir passierte mit meinem Gesicht. Ein Bekannter hatte mein Bild in der Zeitung gesehen, ausgeschnitten und gerahmt auf den Schreibtisch gestellt. Seine Tochter kam zu Besuch aus New York und fragte, wer das ist.

»Das ist Frau Feuchtwanger!«

Ein paar Monate später schrieb die Tochter dem Vater: »Könntest Du mir nicht das Bild schicken?«

Mir sagte der Bekannte, ein Architekt: »Ich hab's sehr ungern getan, aber ich kann meiner Tochter nichts abschlagen. Ich hab das Bild geschickt, aber sie hat gesagt, sie schickt es wieder zurück.«

Die Tochter schickte das Bild zurück mit einem Brief, in dem folgendes stand: »Du weißt ja, daß ich meine Doktorarbeit über indianische Dialekte mache, und ich wollte unbedingt einen bestimmten Stamm besuchen, der niemanden zuließ, mich auch nicht. Da dachte ich mir, Frau Feuchtwanger sieht doch aus wie eine Indianerin, und ich versuch es mit dem Bild. Und wirklich, sie haben mich reingelassen, und ich habe meine Doktorarbeit bereits abgeschlossen.«

Nur mit dem Gesichtsausschnitt der Frau Feuchtwanger?

Ja. Sie hat gesagt, ich sei ihre Großmutter.

Münchener Zeit

Später führten Marta und Lion in München und dann in Berlin das, was man ein großes Haus nannte.

Ja, aber nach München waren wir abgerissen zurückgekehrt. 1914 hatten uns die Franzosen in einem kleinen Ort nahe Tunis gefangengenommen. Lion wurde verhaftet, und ich wurde freigelassen wegen notorischer Ungefährlichkeit. Durch eine Finte ist es mir gelungen, Lion zu befreien.

Später, als mein Mann »Jud Süß« geschrieben hatte und keinen Verleger fand, wurde ein reicher Industrieller darauf aufmerksam. Dieser Industrielle hatte den ersten deutschen Buchclub gegründet, den »Volksverband der Bücherfreunde«.[7]

Dieser Industrielle hatte den Roman »Jud Süß« gelesen, kam zu Lion und sagte: »Ich kann diesen Roman nicht bringen, wegen des Titels und wegen des Inhalts. Mir hat er aber sehr gut gefallen. Ich möchte, daß Sie mir einen ähnlichen Roman schreiben mit einem weniger verfänglichen Inhalt.«

Mein Mann hat daraufhin »Die häßliche Herzogin« – Margarete Maultasch[8] – geschrieben. Zum ersten Mal bekamen wir richtig Geld. Lion mußte mit dem Anwalt des Volksverbandes nach Berlin fahren und das Geld abholen. Da wurde gerade die furchtbare Inflation beendet: eine Billion war gleich einer Rentenmark. Lion kam mit großen, schweren Säcken an, da war das Geld drin, das er für »Die häßliche Herzogin« bekommen hatte und dann umwechseln mußte.

Ihr Leben in München fand seinen Niederschlag in Feuchtwangers Roman »Erfolg«. Darin stellt er die Justiz der frühen zwanziger Jahre satirisch, zum Teil sehr böse und zutreffend dar. Auch das Aufkommen des Nationalsozialismus. War Lion Feuchtwanger in jenen Jahren schon sehr politik-bewußt?

Vor dem Krieg hatte Lion Stücke geschrieben nach seinem Ideal »L'art pour l'art« – die schöne Form, die schöne Sprache. Es ging ihm nicht so sehr um den Inhalt, sondern um interessante Menschen, wie etwa »Warren Hastings«, »Der Gouverneur von Indien« und solche Stücke. Als aber der Krieg anfing, da hat er Abschied genommen von der Kunst für die Schönheit. Er fand, man müsse auch etwas sagen mit dem, was man sagen kann.

Der Roman »Erfolg«, er kam erst 1930 heraus, hat wahrscheinlich in Bayern viel böses Blut gemacht, denn er war doch, bei aller Sympathie für das Naturell der Bayern, eine scharfe Absage an die politischen Machenschaften, wie sie im Bayern der damaligen Zeit gang und gäbe waren?

Ja. Die Haupthandlung des Romans beruht auf einem echten Fall. Den Kunsthistoriker, den man einsperrte, gab es wirklich. In Feuchtwanger herrschte Unwille über das, was er da mitansehen mußte, daß ein anderer, der seinen Posten haben wollte, ihn anzeigte und so weiter. Feuchtwanger beobachtete viele solcher Dinge, und das brachte ihn zum Schreiben. Wider Willen eigentlich, denn er war zunächst ein unpolitischer Mensch. Aber dann mußte er eben aussagen, schreiben, wie er es gesehen hatte.

Feuchtwanger wird als ein Mann der Gerechtigkeit beschrieben. Wenn er Unrecht sah, fühlte er sich aufgerufen. Er hat es sich im Leben oft schwergemacht, wenn er glaubte, auftreten und Stellung nehmen zu müssen.

»Zeugnis ablegen« nannte er das. Er fand, man müsse Zivilcourage besitzen. Selbst wenn man glaubt, daß sie einem im Beruf nicht weiterhilft. In »Flavius Josephus« hat er einen Hymnus an die Zivilcourage geschrieben.

Hat dies bedingungslose Eintreten ihn auch in den zwanziger Jahren schon in Schwierigkeiten gebracht?

Ja. Viele Zeitungen schrieben gehässig. Zunächst hat er versucht, sich zu rechtfertigen. Aber die Zeitungen waren immer die stärkeren, weil sie das letzte Wort hatten. Lion hat sich das dann abgewöhnt, er hatte einen gewissen Gleichmut. Er kannte seinen Wert, seine Aufgabe und ließ sich nicht beirren von den Angriffen.

In München wurden wir von der Steuerbehörde verfolgt, weil Lion angeblich zu wenig Steuern gezahlt hätte. Aber das Geld war doch nichts mehr wert.[9] Als mein Vater starb, erbte ich etwas Geld, das war dann völlig entwertet, und wir sollten Steuern nachzahlen für den ursprünglichen Goldmarkwert. Der Steuerbeamte sagte: »Wissen Sie, wenn Sie nicht hier geboren wären, wir hätten Sie längst ausgewiesen!« Aber sie konnten uns nichts anhaben, wir hatten einfach kein Geld. Und mein Mann sagte:

»Wissen Sie schon – ich hab mein Auto im Badezimmer versteckt.« Natürlich hatten wir kein Auto, aber er machte sich immer lustig über die Leute, wenn sie sagten, wir hätten zu wenig Steuern gezahlt.

Österreicher einer sehr großen Firma wurden auf die gleiche Weise verfolgt und ausgewiesen, weil sie Juden waren. Uns als Münchener konnten sie nicht ausweisen, das war damals noch ein Gesetz.

Hatten Sie den Eindruck, daß im München der zwanziger Jahre bereits ein starker Antisemitismus spürbar war?

Ja, ungeheuer! Hitler ist in München aufgetreten, hat Reden gehalten im Löwenbräu-Keller, hat sein Buch »Mein Kampf« geschrieben. Und dann war da ja der erste verunglückte Hitler-Putsch, 1923. Da wurden schon die Straßen abgesucht, in denen Juden wohnten, und die wurden verhaftet. Unsere Straße war zufällig noch nicht dran.

Leonhard Adelt, damals Berichterstatter fürs »Berliner Tageblatt« rief nachts an und sagte: »Der Bahnhof ist besetzt, Sie sind in größter Gefahr! Kommen Sie zu mir, nehmen Sie meine Fahrräder und fahren Sie von hier aus übers Land.«

Mein Mann sagte: »Ich bin viel zu schläfrig«, drehte sich um und schlief weiter.

Am nächsten Tag war der Spuk vorüber. Hitler und Ludendorff hatten sich auf den Boden geworfen – was sehr richtig war, wenn geschossen wurde. Aber sie haben sich lächerlich gemacht, als sie dann an der Feldherrnhalle aufmarschierten.[10]

Im Roman »Erfolg« taucht Hitler als »Rupert Kutzner« auf, der die wahrhaft Deutschen leitet und führt, und heißt ja auch »der Führer«. Wer den Roman liest, bekommt den Eindruck, daß damals nicht so sehr die »wahrhaft Deutschen« die Gefahr darstellten, sondern die bürgerlich-konservativen Kreise, die mit ihnen sympathisierten.

Das war keine Frage. Wir sahen es, als Kurt Eisner ermordet wurde. Zuerst, als Eisner einzog, großer Jubel, weil mit der Revolution der Krieg zu Ende war. Unsere Hausbesitzer kamen und gratulierten: »Da sehen wir, wie wir belogen wurden vom Kaiser. Dieser Eisner scheint ein guter Mann zu sein, und wir sind froh, daß er an der Regierung ist.«

Es war ja eine gesetzliche, friedliche Revolution gewesen. Der Eisner wurde Ministerpräsident.[11] Er war kein Kommunist, wie gesagt wurde, sondern unabhängiger Sozialdemokrat.

Eisner war auf dem Weg zum Landtag, um den Abschied zu nehmen, denn er hatte gesehen, daß er nichts ausrichten konnte. Dort wurde er erschossen vom Grafen Arco. Dessen Anhänger gingen in den Landtag und schossen wild um sich. Ein paar Leute wurden verletzt, auch der stellvertretende Ministerpräsident Auer. Sein Leben wurde dann aber gerettet.

Die Räteregierung wurde ausgerufen, und – das war merkwürdig – von allen Seiten flüchteten Leute zu uns in die Wohnung. Graf Coudenhove-Kalergi[12] kam, der war völlig unpolitisch und trat für ein Paneuropa ein. Im Parkhotel wohnte er und wurde untersucht, weil er ein Graf war, von den halbkommunistischen Leuten der Räteregierung. Der Graf hatte ein Buch über Karl Marx liegen. Die Leute glaubten, das Buch sei für Karl Marx, es war aber gegen Marx. Sie haben nicht reingeschaut, und das hat ihm das Leben gerettet. Die Leute dachten, wenn der ein Buch über Karl Marx hat, kann er auch als Graf nicht gefährlich sein. Ihm wurde es dann aber zu unbehaglich, und er hat sich bei uns versteckt, zusammen mit Leuten von der Linken.

Johannes R. Becher[13] war da versteckt und, beim Bruder meines Mannes, der Klingelhöfer, der in der Räteregierung war, als die sogenannte »Weiße Garde« kam. Bei uns waren Leute von beiden Parteien versteckt, und sie haben sich gut vertragen, waren nur froh, wenn ihnen nichts passiert ist.

Der Terror nach der Revolution brachte auch für Sie Gefahr. Es wurden gerade in Bayern viele Menschen »schnell mal umgebracht«, denn die Justiz war aus den Fugen geraten. Auch Ernst Toller[14] war damals in Gefahr.

Sehr. Er hatte sich die Haare gefärbt und sich im Schrank versteckt. Er wurde verraten, verhaftet und war dann fünf Jahre lang im Gefängnis. Dabei wollte er nur die Räteregierung gegen die »Weißen Truppen« verteidigen, aber ohne Blutvergießen, hatte er immer gepredigt. Einmal geht er über die Ludwigstraße zu seinen Verteidigungsstellungen. Da trifft er Berthold, Lions Bruder. Berthold war berühmt als Held. Toller bittet Berthold, ihm zu helfen, München zu verteidigen. Berthold sieht sich die Stellungen an und sagt: »Ich war im Krieg. Mit so was geb ich mich nicht ab, das ist völlig aussichtslos.« War ja auch dilettantisch, die ganze Sache und sehr bald zu Ende.

Ich erinnere mich: Da war ein Schauspieler, Fritz Kampers. Im Krieg hatte mein Mann bei dem mal Regie geführt in »Das Frühlingsopfer« von Keyserling. Der Kampers spielte den Helden; er war als unabkömmlich nie im Krieg gewesen. Und nun ritt er – als Sieger – stolz durchs Siegestor. Lion sagte: »Wir haben vier Jahre Krieg geführt, damit der Kampers jetzt München erobert.«

Alle diese Erfahrungen, die Ihr Mann damals machte, mündeten dann im Buch »Erfolg«. Darin stellt er die Wirren der Zeit und die Machthaber hinter den Kulissen kraß und zutreffend dar. Das Buch war vielen gewiß nicht willkommen.

Nein, zumindest in München war es nicht willkommen. Auch die Freunde, Bruno Frank[15] zum Beispiel oder auch sein Bruder Ludwig, waren gegen das Buch. Ludwig Feuchtwangers Frau aber war für das Buch. Die sogenannten Akademiker haben es verstanden und vor allem die Studenten. Das war merkwürdig, denn durch »Die häßliche Herzogin« und

»Jud Süß« war Lion den jungen Menschen verdächtig, zu berühmt schon. Aber »Erfolg« hat ihm die Jugend zugeführt.

Wie Lion Feuchtwanger zu seinem »Erfolg«-Stoff kam, ist klar; warum aber beschäftigte er sich mit »Jud Süß«?

Er hatte die Novelle von Hauff gelesen und wollte mehr wissen über die Hintergründe. Er las Bücher und sprach mit Zimmermann, damals eine Autorität.

Jud Süß war schuldig, denn er hatte dem diktatorischen Herzog Alexander Geld verschafft, nicht immer zum Nutzen des Landes, und hohe Steuern hatte er einkassiert. Als dann aber das Kind vor dem Herzog auf das Dach floh und sich zu Tode stürzte, sah er ein, daß sein Leben verfehlt war, sah im Tod des Kindes seine Strafe. Er arbeitete gegen den Herzog und versuchte, gutzumachen. Trotzdem wurde er zu einem schrecklichen Tod verurteilt. Hochmütig hatte er gesagt: »Höher als den Galgen können sie mich nicht hängen.« Daraufhin wurde Jud Süß in einem über dem Galgen angebrachten Käfig aufgehängt.

Feuchtwanger benutzte also den Stoff als eine Art Wiedergutmachung an Jud Süß, er zeigte, daß dieser eine tragische, weithin verkannte Figur war?

Richtig. Jud Süß hätte begnadigt werden können, wenn er zugegeben hätte, der außereheliche Sohn eines Aristokraten zu sein. Den Sohn eines Aristokraten konnte man nicht hängen. Aber er wollte Jude sein und als Jude sterben.

Hatte Feuchtwanger keine Angst vor Mißverständnissen, als er den Stoff aufgriff?

Doch. Aber beim Schreiben hat er sich um nichts gekümmert, nicht um andere Ansichten oder finanzielle Aussichten. Er sagte: »Das Schönste am Schreiben ist, daß man sich selbst ausdrücken kann.« An Erfolg und Wirkung dachte er nie.

»Jud Süß« wurde als Roman ein großer Erfolg. Dann mußten Sie beide aber erleben, daß die Nazis das Buch mißbrauchten. Nach dem Stoff, den Feuchtwanger aufbereitet hatte, wurde 1940 einer der übelsten Filme gedreht, die in der Judenhetze aus dem Goebbels-Ministerium herauskamen. Was ging in Feuchtwanger vor, als er erfuhr, »Jud Süß«, verfilmt von Veit Harlan, mit der Elite deutscher Schauspieler: Werner Krauss, Heinrich George, die Söderbaum ... Er war mit allen befreundet; auch Veit Harlan hatte bei ihm gespielt. Florath war dabei und Eugen Klöpfer.

Er hat den Schauspielern einen offenen Brief geschrieben. Darin sagte er, wer so was macht, kann kein guter Schauspieler mehr sein. Irgend etwas muß im Schauspieler stecken, das ihm den inneren Halt gibt.

Dieser Brief an die guten alten Bekannten von den Bühnen war eine ohnmächtige Reaktion. Feuchtwanger konnte ja nichts mehr ausrichten von außen. War in ihm nicht die Empörung über den Mißbrauch seines Werkes?

Alles das trat in den Hintergrund, wenn er daran dachte, wieviel Schreckliches schon passiert war, wie viele unserer Bekannten und Verwandten damals schon gefoltert und umgebracht worden waren. So berührten ihn die äußerlichen Dinge nicht mehr. Ihm hatte man ja auch alles genommen, aber es berührte ihn nicht mehr. Man müßte das Regime vernichten, dachte er.[16]

Brecht und andere

Der Autor, Lion Feuchtwanger, und sein Werk. Welche Beziehung hatte er zu den Stoffen, die er bearbeitete? War das Schreiben für ihn ein Prozeß wie Zeugung, Geburt – und dann der Verlust?

Das Schönste für ihn war wohl der erste Eindruck eines Stoffes, der Plan und das innerliche Bilden des Romans. Während der Ausführung, beim Schreiben, fürchtete er das Ende. Er wollte den Stoff nicht dem Ende zudrängen. Davor rettete ihn sein architektonisches Gefühl für den Aufbau eines Romans oder eines Stückes. Wenn er aber einmal das Ende zu seiner Zufriedenheit geschrieben hatte, dann war das auch abgelegt; dann dachte er schon wieder an neue Dinge, die er schreiben wollte. Nie hat er zurückgeschaut, ob er's hätte besser machen können.

Hat er einmal die Arbeit mittendrin abgebrochen – oder dachte er ökonomisch: ich muß das jetzt zum Ende bringen?

Er dachte nicht ökonomisch. Er hat aber immer gewußt, was er wollte und wie es abläuft, wie es enden muß. Der geschichtliche Faden hat natürlich dazu beigetragen. Im »Erfolg« nicht, da war ja keine Historie – merkwürdig, meiner Ansicht nach ist »Erfolg« schon jetzt ein historischer Roman.

Sie fuhren mit Feuchtwanger Ski – in Tirol. Und er schrieb »Die häßliche Herzogin« – einen Roman über Margarete Maultausch.

Im Skilaufen war Lion nicht so gut, eher ausdauernd als geschickt, aber ein großer Bergsteiger ist er gewesen. Er beschäftigte sich mit der bayerischen Geschichte, und der Roman ist ja auch ein Teil dieser Geschichte: Die Herzogin war mit einem bayerischen König verheiratet. Ihn reizte an diesem Stoff, was eine Frau aus ihrer Häßlichkeit machen kann, wenn sie innerlich etwas wert ist. Daß sie sogar ihre Häßlichkeit zu etwas Positivem machen kann.

Im übrigen hat Feuchtwanger sich mit Frauenstoffen nicht so befaßt, nicht?

Na ja, er hat noch dieses Stück »Die Petroleumsinsel« geschrieben, darin ist die Heldin eine moderne häßliche Herzogin.

War Lion nicht ein Typ, der auf Frauen wirkte?

Bestimmt. Er hat etwas Hypnotisches gehabt auf Frauen, obwohl er doch unscheinbar war. Ich glaube, die Augen waren es, ja, ja.

Hatten Sie oft Anlaß zur Eifersucht?

Anlaß hätt ich genug gehabt, aber ich war's nicht. Da war ein unausgesprochenes Gentlemen's Agreement: Jeder kann tun, was er will. Ich hätte auch alles tun können, was ich wollte.

Man hat das Gefühl der Freiheit. Wir waren beide rebellisch, das hat uns auch zusammengebracht.

Sie hatten einen großen Freundeskreis. Ihre Wohnung war ein Mittelpunkt des geistigen Lebens; es hieß: »Man ging zu Feuchtwangers.«

Es war schon merkwürdig, als der »Eduard II.« in München uraufgeführt wurde. Das Stück stammte ursprünglich von Marlowe. Feuchtwanger und Brecht hatten es gemeinsam so bearbeitet, daß man das Original nicht wiedererkannte.

Zur Uraufführung kamen die Theaterdirektoren aus allen Städten nach München. Jessner[17] kam, damals Generalintendant, und die großen Kritiker.

Die Hauptrolle spielte auf Wunsch von Feuchtwanger und Brecht der Oskar Homolka[18]. Noch jung, aber ein großartiger Schauspieler. Er hatte bei der Premiere furchtbares Lampenfieber, und irgend jemand hatte den törichten Einfall, ihm Cognac hinter die Bühne zu bringen. In seiner Angst hat er dann viel zuviel getrunken. Schwarzer Kaffee hat auch nicht geholfen, und als er dann als König mit der Königin auf dem Thron saß, da glaubte man, jetzt wird er einschlafen.

Ich saß mit dem Regisseur, dem Dr. Falckenberg[19], in der Intendantenloge. Fragt er mich: »Soll ich den Vorhang fallen lassen?«

Sage ich: »Die Leute verstehen das Stück sowieso nicht, die denken, das gehört zum Stück, lassen Sie ruhig weiterspielen.«

Wirklich haben die meisten auch nichts gemerkt.

Brecht war damals noch unbekannt, Lion hat deshalb zugestanden, daß es hieß: »Eduard II.«, von Brecht. Im Innenblatt stand: Dieses Stück schrieb ich mit Lion Feuchtwanger. Lion wollte Brecht damit helfen, denn er selbst war ja schon etabliert.

Nach der Premiere hatte Brecht das Gefühl, als ob ihm die Felle wegschwimmen, er war wütend. Trotzdem blieben sie Freunde, der Homolka und der Brecht.

Nach der Premiere gingen wir in die Odeon-Bar, die war abgeteilt in lauter Buden. Auf der einen Seite saß der Erich Maria Remarque, Rainer Maria Rilke war da – alles, was einen Namen hatte. Wir konnten hören, wie sie redeten: »Gehen Sie nachher auch zu Feuchtwangers? – Wir gehen alle hin.« Viele Leute kannten wir gar nicht.

Feuchtwangers Adresse in München war damals schon so etwas wie ein Geheimtip?

Einer folgte dem anderen. Als wir in unsere Straße kamen, war die schwarz von wartenden Leuten. Alle hatten Körbe und Pakete dabei mit Eßwaren, man konnte ja nichts kaufen. Dann gingen wir rauf in die große, von einem General möblierte Wohnung. Da wurde der Teppich zusammengerollt, und es wurde getanzt und getrunken. Ein Mädchen zog sich aus und sprang am Caspar Ncher[20] hoch. Das war ein schöner, blonder Mann, der für Brecht die Dekorationen entwarf. Das Mädchen hat er weggeschleudert und gesagt, ich will nichts mit dir zu tun haben. Alle waren schon etwas betrunken.

Da klingelte es, und es kam der Generalintendant Jessner. Und ich sagte: »Jetzt fehlt bloß noch der Ihering[21].« Die beiden waren nämlich verfeindet wegen einer Pressefehde.

Ich mach die Tür auf, und wer steht draußen? Ihering.

Der kam rein, dann hat's noch mal geklingelt, und es stand ein Mann da, den ich gar nicht kannte, und ich fragte: »Wer sind denn Sie?« Und der sagte: »Ich bin der Herzog von Meiningen.« Der hatte ein berühmtes Theater und war an unserer Premiere interessiert.

Dann hat Caspar Neher, ein großer, wilder Mann, geglaubt, daß Arnolt Bronnen[22], ein Freund von uns allen, etwas Abfälliges über den Brecht gesagt hätte, was aber nicht stimmte, und ging mit der Weinflasche auf ihn los, um ihm den Schädel einzuschlagen. Ich bin an dem großen Caspar hochgesprungen und hab ihm die Nase umgedreht, und dann lief der ganze Wein in den Ausschnitt von meinem schwarzen Samtkleid. Der Caspar Neher hatte sich inzwischen wieder beruhigt. Lion nahm ihn bei der Hand – Lion, der klein und unscheinbar war –, führte ihn zur Tür und sagte: »Wie wär's, wenn wir jetzt ein bißchen nach Hause gingen?« Und der Caspar ging dann auch nach Hause.

Ein anderes Mal war auch so eine Feier bei Erich Engel, der später die »Dreigroschenoper« inszenierte. Er war damals in München und wollte ein Stück von Lion machen. Jedesmal, wenn es angesetzt war, geschah eine Revolution. Erst der Kapp-Putsch, dann die Räteregierung, so kam es nie zur Aufführung.

Einmal saßen wir nachts zusammen auf Matratzen, weil es nicht genug Stühle gab. In einer Ecke saß der Brecht und sang zur Gitarre. Die berühmte und schöne Schauspielerin Gerda Müller schwärmte für Brecht, der eine ungeheure Wirkung auf Frauen hatte. Und Brecht sang die Ballade vom »Apfelböck«. Den Stoff hatte ich ihm gegeben. Als der Brecht im Sommer auf Urlaub war, hab ich das in der Zeitung gefunden und für ihn aufgehoben. Er hat dann die Ballade vom Apfelböck geschrieben, der seine Eltern umgebracht hat. Eine merkwürdige Ballade. Die Pointe für das Ende hab ich ihm gegeben. Meine Zugehfrau hatte nämlich gesagt: »Das ist ja schrecklich, was da passiert ist, daß der die Eltern umgebracht hat. Was tut der junge Mensch wohl am Grab der Eltern?« Das hab ich dem Brecht gesagt, und das hat er dann als Ende der Ballade gedichtet.

Da schaut der Brecht mich an und lächelt mir zu, und ich lächele zurück. Da springt die Gerda Müller hoch und auf mich zu, um mir die Augen auszukratzen, und sagt: »Man lacht nicht, wenn Brecht singt!«

Als wir miteinander tanzten, sagte Brecht: »Manchmal ist die Gerda doch recht anstrengend.« Das war alles, es hat sich dann so verlaufen.

Wie haben Feuchtwanger und Brecht sich kennengelernt?

Brecht hatte in München Medizin studiert, hatte ein Stück geschrieben und wußte nicht, was er damit machen sollte. Also ging er ins Café Stephanie, in Schwabing. Da saß immer der Wedekind[23] und der Mühsam[24] und diese Bohème, Schlawiner eben.

Brecht sieht den Schauspieler Arnold Marlé sitzen und sagt: »Herr Marlé, ich habe ein Stück geschrieben, was soll ich damit anfangen?«

Der Marlé sieht nicht auf von seiner Zeitung: »Gehen Sie zu Feuchtwanger.«

Dann ist Brecht zum Telefon gegangen, hat die Nummer gefunden und Lion angerufen: »Ich habe ein Stück geschrieben, und ich möchte gern, daß Sie es lesen.« Und mein Mann sagte: »Schön, bringen Sie es her.« Darauf hat der Brecht geschrien: »Aber ich sag's Ihnen gleich, es ist ein ganz schlechtes Stück, ich hab's nur geschrieben, um Geld zu verdienen.« Sagt mein Mann: »Soso, aber wenn Sie es schon geschrieben haben, bringen Sie es doch.« Sagt Brecht: »Ich hab noch ein viel besseres Stück geschrieben.« Sagt mein Mann: »Bringen Sie das bessere Stück auch.«

Der Brecht kam und hat das Stück gebracht, »Spartakus« hieß es. Wir haben es umgewandelt in »Trommeln in der Nacht«[25]. Mein Mann gab es dem Direktor Falckenberg, und der hat es inszeniert.

»Trommeln in der Nacht«, der Titel stammt von Ihnen?

Ja. Und die »Dreigroschenoper«, der Titel stammt von Lion. Bei Brecht hieß es ursprünglich »Ludenoper«. Das fand mein Mann nicht gut.

Brecht und Feuchtwanger waren sehr verschieden und haben sich gerade deshalb so gut ergänzt. Die

Freundschaft dauerte ein Leben lang. Obwohl Feuchtwanger in seinem »Erfolg« einige Wesenszüge Brechts dem Ingenieur Bröckel in den Bayerischen Autowerken gab?

Nur einige Züge, nicht? Mein Mann hat ein bißchen bereut, daß er Brecht damit kränkte. Damals, wir waren in Fasano am Gardasee, kam Brecht mit seiner zweiten Frau Helli und sagte zu Lion, er fände es eigentlich gar nicht schön, so karikiert worden zu sein.

Wir gingen oft miteinander spazieren. Brecht mit Lion voraus, ich mit der Helli hinterher. Brecht wollte von Lion, er möchte das doch ändern. »Das würde ich ja vielleicht tun«, sagte mein Mann, »aber das ist schon gedruckt.«

Dann kam Brecht zu mir und sagte: »Wissen Sie, Ihr Mann ist so schnell marschiert, damit ich schwach werde und meine Argumente schlechter sind.«

So hat Lion den Brecht physisch außer Gefecht gesetzt.

Der Ingenieur Bröckel im »Erfolg« singt kräftige Balladen. Fing Brecht auch an zu singen, wenn Sie abends zusammensaßen?

Immer. Auch bei Karl Valentin hat er mitgespielt und mitgesungen. Dann machte er mit Valentin einen Film. Ich war dabei bei den Aufnahmen, sie verstanden sich gut. Brecht war musikalisch und spielte verschiedene Instrumente, Flöte zum Beispiel, aber er hat die Musik gehaßt. Er sagte immer »Musak« statt Musik, oder »Misuk«. Beethoven mochte er nicht.

War Bertolt Brecht ein Mensch, der zu seinen Freunden hielt?

Absolut ja. Sogar zu Bronnen, obwohl der damals Nazi wurde. Erst haben wir das nicht ernst genommen und gedacht, das ist nur Bluff. Aber eines Sylvesterabends waren wir beim Verleger Rowohlt: Bronnen kommt herein und spielt sich auf, an jedem Arm eine Generalstochter. Wir brachten Sinclair Lewis[26] mit, der gerade in Berlin war. Als der Lewis den Bronnen sieht und hört, daß der bekannt ist mit den Nazis, geht er weg, ist schon auf der Treppe. Lion läuft ihm nach und sagt: »Kommen Sie doch zurück, niemand von uns nimmt den Bronnen ernst, das ist nur so ein Bluff.«

Aber der Bronnen war wirklich für die Nazis. Er hatte in italienischer Kriegsgefangenschaft gesessen. Eine Wunde am Hals hatte ihm die rauhe Stimme gegeben, die ihn den Frauen besonders gefällig machte. Die Italiener also, die Schlawiner, wie er sagte, die haßte er. Bronnen war Österreicher, aber die Österreicher haßte er auch. Nur die Preußen imponierten ihm, der »deutsche Mann« war sein Ideal.

Als die Nazis an die Macht kamen, fielen ihm die Schuppen von den Augen. Er arbeitete dann im

Untergrund und schrieb darüber. Brecht und Bronnen hatten keine Verbindung, aber Brecht sagte, er glaube nicht, daß der Bronnen so schlecht sei.

Die Freundschaft zwischen Bert Brecht und Lion Feuchtwanger blieb von Bestand. Auch beruflich haben sie immer wieder zusammengearbeitet in einer Art Gemeinschaftsproduktion.

Es ging von Bert Brecht aus. Mein Mann war Einzelgänger, konnte nicht über seine Pläne sprechen, außer mit mir, vielleicht mal mit Arnold Zweig. Brecht aber war gesellig, der wollte Leute um sich haben, die »Stimme des Volkes« hören, die naiven, unbefangenen Leute, das brachte ihn auf andere Ideen.

An Lion interessierte ihn die Gestaltung, das Architektonische an dessen Stücken. Dann fing Lion an, das epische Stück zu schreiben: Thomas ... er nannte es einen »dramatischen Roman«. Eigentlich war es der Vorläufer von Brechts Stücken, der ja epische Stücke schreiben wollte. Dem Brecht hat dieser dramatische Roman ... imponiert, deshalb wollte er mit Lion zusammenarbeiten und dessen Technik anwenden. Er hat vorgeschlagen, den »Eduard«[27] gemeinsam zu schreiben. Lion war in seine Romane vertieft und unterbrach nicht gern, aber dann war er so fasziniert von Brechts Reden und Ideen, daß er zustimmte.

Die Zusammenarbeit war beiden ein Genuß, traurig wurden sie nur, wenn's zu Ende ging. Ein

Stück sollte nie zu Ende gehen – »open end«, wie man hier sagt. Wie die Romantiker es schon machten, Brentano und so.

Die Zusammenarbeit war recht sonderbar. Lion wollte mich nie dabeihaben, der Brecht immer. Wenn der mich im Garten sah, rief er mich herein und sagte: »Hören Sie, wir streiten da über ein Wort, Sie müssen entscheiden!« Meinem Mann war das nicht recht. Ich hab manchmal zum einen, manchmal zum anderen Ja gesagt, so wie ich es sah.

Die beiden haben jedes Wort gewogen, jeder für sich. Und haben alles gemeinsam geschrieben. Man hat behauptet, Brecht sei nach Hause gegangen und habe da geschrieben. Das ist nicht wahr. Nein, sie hatten sich eine Handlung vorgestellt. Den Gang der Handlung behielten sie immer im Hintergrund. Daraus entwickelten sich die Dialoge und die Menschen. Brecht und Feuchtwanger haben die Rollen gespielt, warfen sich die Worte zu.

Damals beim »Eduard« in München, da konnten sie sich einmal absolut nicht über ein bestimmtes Wort einigen. Weil sie nicht weiterkamen, ist der Brecht unwirsch nach Hause gegangen. Nachts um zwölf pfeift es unten auf der Straße, der Lion geht ans Fenster, und der Brecht ruft rauf: »Doktor, Sie haben Recht, wir nehmen das Wort!«

Einer hat sich in den anderen eingelebt. Lion machte sich Notizen bei den Besprechungen, dann gingen sie rauf in den ersten Stock, und Lion hat der Sekretärin diktiert. Das wurde dann in den nächsten Tagen wieder durchgenommen.

Lion hatte immer den Notizblock am Bett. Oft hörte ich ihn aufstehen. Dann saß er nachts am Schreibtisch und machte sich Notizen. Das diktierte er der Sekretärin, und zwar auf hellblauem Papier.

Nachmittags saßen wir im Garten in der Sonne und diskutierten. Manchmal gingen wir in die Berge, und ich sagte, die Hasen und die Rehe werden glauben, wir streiten uns furchtbar, weil wir so diskutierten. Das Resultat solcher Diskussionen hat Lion auf rosa Papier diktiert.

Wieder vorgelesen, wieder diskutiert und wieder diktiert – auf grünem Papier.

Erst wenn er das Gefühl hatte, endlich die richtige Form gefunden zu haben, hat er ins weiße Papier diktiert. Das war dann das endgültige Manuskript – meistens.

Feuchtwanger hat gewisse Züge des Tüverlin im »Erfolg«. Gehörte dazu auch dessen Betriebsamkeit? Der konnte ja nur arbeiten, wenn die Telefone klingelten, der Schneider kam, einer auf ihn einredete, eine Freundin in der Ecke saß oder die Sekretärin darauf wartete, daß er weiterdiktierte.

Lion haßte das Telefon, haßte den Schneider, haßte jede Ablenkung. Nicht einmal Zeitung hat er gelesen. Weil wir ungebildet und schlecht erzogen waren, haben wir während des Essens gelesen. Da habe ich ihm die Artikel, die mir interessant schienen, gegeben und gesagt: »Lies das.« Er verließ sich auf mich. Aber alles, was nichts mit seiner Arbeit zu tun hatte, haßte er. Er war ein besessener Arbeiter, wie im Rausch. Und immer nur eine Sache zur Zeit.

Manchmal forderte man ihn auf, einen politischen Aufruf zu machen. Mehrmals mußte er für das deutsche Radio Aufsätze schreiben, die heimlich in Deutschland verbreitet wurden. Er mußte nach Rußland fahren, um diese Zeitschrift zu gründen. Aber er hat das gegen den eigenen Willen getan, »Invita Minerva«, wie er sagte. Die Arbeit war für ihn das größte Erlebnis, ein Vergnügen. Alles andere kam an zweiter Stelle.

Emanzipation?

Marta Feuchtwanger, bis zum Tode Ihres Mannes haben Sie Ihr ganzes Leben auf ihn und sein Werk abgestimmt. Gab es nicht irgendwann, in der Jugend oder auch später, bei Ihnen das Bedürfnis, etwas Eigenes zu schaffen – entfernt von Feuchtwanger oder beinahe gegen ihn?

Ich war immer nur seine Frau und froh, wenn er mich zu Rate zog, wenn ich mitarbeiten konnte. Da war kein Augenblick der Langeweile, es war immer aufregend, mit ihm zu leben – manchmal nicht so angenehm aufregend, aber nie langweilig. Ich hatte nie den Gedanken, mich selbständig zu machen. Man hat mir oft angeboten, als Schauspielerin zu arbeiten; Direktor Falkenberg; Werner Krauss wollte mit mir spielen und gastieren. Dazu hatte ich nie ein Bedürfnis.

Erstaunlich, wenn man weiß, wie modern Sie in Ihren Anschauungen waren, gerade zur Stellung der Frau. Hatten Sie nicht viel Verständnis für das, was man heute Emanzipation nennt?

Ja, aber ich wollte keine gewalttätige Emanzipation. Ich wollte nicht, daß Frauen die Männer kleinmachen wie bei Ibsens Nora. Ich kannte Ehen, die auseinandergingen, weil die Frau sich unverstanden fühlte. Bei Nora war es berechtigt, aber das Künstliche fand ich nicht richtig. Es muß selbstverständlich kommen, nicht durch Theorie. Ich war dafür, daß die Frauen in der Bezahlung, in Beruf und Gesellschaft gleichberechtigt sind, aber nicht so sehr im Verhältnis zum Mann. Da sollte »Vive la difference«, wie die Franzosen sagen, nicht vergessen werden.

Das Besondere an Ihrem Verhältnis zu Feuchtwanger ist wohl gewesen, daß er – anders etwa als Thomas Mann – das Werden seiner Werke mit Ihnen gemeinsam erlebt hat.

Selbstverständlich. Ich hab ziemlichen Einfluß auf ihn gehabt. Er war Dramatiker und dachte nicht daran, Romane zu schreiben. Als junger Mann hat er einen Roman geschrieben, ihn dann aber verleugnet. Damals schrieb er das Stück »Jud Süß«, ein großer Erfolg. Heinrich Mann hat über die Münchener Uraufführung begeistert im »Berliner Tagblatt« geschrieben. Wir beide aber gingen deprimiert nach Hause. Die Handlung war blendend gespielt worden von einem Schauspieler namens Czerwenka, der gut aussah und eine wunderbare Stimme hatte. Aber die tiefere Absicht war nicht herausgekommen. Lion schob das nicht auf die Aufführung, auch ich nicht – es war im Stück nicht drin.

»Dir liegt so viel an dem Stoff«, sagte ich zu ihm, »du müßtest einen Roman schreiben!«

»Ach, ein Roman dauert so lang – Stücke gehen schnell, in ein paar Monaten haben wir immer ein Stück geschrieben.«

Ich sagte: »Versuch's doch mal!«

Dann hat er es versucht, und der Verlag Georg Müller war interessiert und hat dem Lion einen Vorschuß gezahlt, damit er in der Zeit des Schreibens leben kann. Dann meinte Lion wieder: »Ach nein, ich glaub, ich hör auf, ich schreib wieder ein Stück.«

»Das wär ja sehr schön«, sagte ich, »aber weißt du, daß wir den Vorschuß schon verbraucht haben? Wie kannst du den zurückzahlen?«

Da hat er sich richtig hingesetzt und immer nur geschrieben, wie besessen.

Plötzlich kam es durch bei ihm. Ich erinnere mich, ich war auf dem Presseball. Als ich in der Nacht um drei nach Hause komme, bringt er das Manuskript: »Das ist jetzt fertig.«

Er hatte das Manuskript mit der Hand geschrieben; es liegt heute im Safe der Münchener Universität.

30. Januar 1933

Wie haben die Feuchtwangers das Datum erlebt, was hat es bei Ihnen und in Ihnen bewirkt? Lion hielt sich gerade in den Vereinigten Staaten auf.[28]

Komisch: Neujahr hatte eine Hamburger Zeitung die Rundfrage gestartet: Was halten Sie von der nächsten Zukunft? Mein Mann sagte, wenn er sich vorstellt, was nun geschieht, dann sieht er lauter Emigranten – und kaufte sich das Haus. Er hat's nicht wahrhaben wollen, das Ganze.[29]

Merkwürdig, am Tag zuvor war mein Mann eingeladen beim deutschen Botschafter, der ein Bankett für ihn gab. Auch die Roosevelts waren da. Roosevelt war soeben gewählt worden, aber noch nicht lange im Amt. Viele Senatoren waren eingeladen worden, und da wurde Lion natürlich gefragt, was er von Hitler halte. »Hitler means War«, sagte er, und am Tag darauf meldeten die Schlagzeilen: »Feuchtwanger sagt, Hitler wird Krieg machen!« Gegen Morgen rief der Botschafter an: »Fallen Sie nicht aus dem Bett – Hitler ist an der Macht!«

Ich war zum Skilaufen in St. Anton und wollte eigentlich zurück nach Deutschland, wegen unseres Hauses. Lion kam, um mich abzuholen. Ich habe nie im Grand-Hotel gewohnt, das war mir zu teuer, sondern bei einem Bauern. Da hat auch die Leni Riefenstahl gewohnt. Mein Hausbesitzer, der einzige Nazi im Ort, kommt rein: »Jetzt glaub i scho gor nix mehr.« Eine Zeitung bringt er mit von der Grenze zwischen Tirol und Württemberg, die schreibt: »Wir warten an der Grenze auf Frau Feuchtwanger, um ihr beizubringen, nicht immer in Grand-Hotels zu leben, sondern zu arbeiten.« Und mein Bauer sagt: »Und da sitzen's in meiner Kuchen und kochen ihren Spinat, ich tret aus aus der Partei!«

Also beschlossen wir, nicht ins Deutsche Reich zurückzukehren. Mein Mann wäre sofort verhaftet worden, später hat man ihn in absentia zum Tode verurteilt.

Wir fuhren in die Schweiz, aber da war es uns zu teuer, wir hatten ja unser Vermögen durch die Nazis verloren. Also weiter nach Südfrankreich.

Erst wohnten wir in Bardol, dann in Sanary-sur-Mer[30]. Das war eine Art Künstlerkolonie – Franzosen, Engländer. Zwischen Bardol und Sanary wohnte zuvor schon René Schickele[31]. Der konnte sich nicht recht entschließen, ob er zu den Franzosen oder zu den Deutschen zählt. Er hatte aber dies Problem schon in seinem Stück »Hans im Schnakenloch« behandelt und entschied sich dann für Deutschland.

Wenn man aus der Distanz von 45 Jahren zurückblickt, verklärt sich manches wohl ins Harmlose. Aber der Entschluß, Deutschland und das deutsche Sprachgebiet zu verlassen, muß doch einschneidend gewesen sein für Sie beide.

Mein Mann nahm das nicht ernst: Das wird höchstens ein Jahr dauern! Er wollte dann wieder zurück nach Deutschland. Es wäre ja auch früher zu Ende gewesen, wenn das Ausland Hitler nicht immer wieder beigestanden, ihn rehabilitiert hätte. Sie ließen ihm das linke Rheinufer, sie erlaubten, daß er Unterseeboote baut, seine Triumphe hatte er eigentlich dem Ausland zu verdanken. Und innen half ihm die Großindustrie. Mein Mann glaubte an einen Boykott des Auslands gegen Deutschland.

Mit den Jahren muß es Lion Feuchtwanger deprimiert haben, daß die Zeit des Nationalsozialismus so viel länger dauerte. Wir wissen, daß andere Emigranten das nicht verwinden konnten, denken wir an Stefan Zweig, an Tucholsky, an Hasenclever und Toller. Ihnen und Lion sind solche Gedanken nicht gekommen?

Nein. Er glaubte immer an eine Rückkehr und fühlte sich so nah in Frankreich. Wirklich bewußt ist es ihm geworden, als er weg mußte.

Einer der ersten in der Kolonie von Sanary sur Mer war Thomas Mann. Dann kamen Bruno Frank und Franz Werfel, der im Piratenturm hauste. Als Huxley[32] hörte, wir seien da, lud er uns sofort ein. Merkwürdigerweise hatte er in irgendeinem Brief geschrieben: »Ich höre, daß wir eine deutsche Invasion bekommen, und das freut mich gar nicht.«

Huxley war sehr für Frankreich, die Deutschen konnte er nie leiden. Er behauptete auch, er könne nicht deutsch sprechen, aber mein Deutsch hat er ganz gut verstanden.

Bei Aldous Huxley trafen wir auch den Grafen Sforza, der sich geweigert hatte, weiter Mussolinis Außenminister zu sein. Auf der anderen Seite von Toulon hatte er ein wunderbares Haus gemietet, und wir waren viel zusammen in unserem Haus. Die Leute wußten, um welche Zeit wir Tee tranken, und kamen einfach so rein, durch den Garten ins Zimmer.

Einmal war Sforza bei uns, wir hörten draußen Schritte, und es kam jemand, den wir nicht kannten. Er stellte sich vor als Graf Karolyi aus Ungarn. Der sieht den Sforza und erschrickt. Als Außenminister hatte Sforza nämlich den Grafen Karolyi als Kommunisten verhaften lassen. Der hatte damals in Ungarn die Revolution gemacht, glaube ich, und war Präsident lange Zeit. Als die beiden sich im kleinen Gartenzimmer treffen, sagt Karolyi: »Das letzte Mal, als ich Sie sah, war ich so« und kreuzte die Hände, weil sie damals gefesselt waren. Aber sie haben sich gleich gut verstanden, wir steckten doch gewissermaßen alle unter einer Decke.

Wieder hörten wir Schritte und herein kam – Alfred Kerr[33]. In Berlin hatten wir ihn gemieden, weil er, Literatur-Zar in Berlin, gegen Brecht war. Kerr war damals schon recht alt und hat uns imponiert mit seiner Haltung. Es ging ihm gar nicht gut, aber er saß kerzengerade da und verlor niemals die Haltung. Er glaubte an die Zukunft und hat später wundervolle Gedichte über die Emigration geschrieben. Ist schon merkwürdig, was sich da alles traf.

Arthur Koestler[34] auch. Er war in Spanien gefangen und zum Tode verurteilt worden. Die Engländer befreiten ihn. Dann war da der Ungar Stefan Lorant, der später »Liliput« herausgab, eine kleine Zeitschrift, die fast nur aus Bildern bestand. Seine Bildbiographie von Lincoln erregte in Amerika Aufsehen. Aus den verschiedensten Gegenden kamen die Menschen, einer sagte es dem anderen.

Einmal traf ich einen Arzt. Er kannte die Bücher meines Mannes und wanderte zu unserem Haus, das außerhalb des Ortes lag. Er sah mich im Schwimmanzug bei der Gartenarbeit, da fand er mich so muskulös aussehend, daß ihm der Schrecken kam, und er wieder ging. Er war schüchtern und dachte sich, das erste, was ich da treffe, ist diese Frau, die schwere Düngersäcke trägt.

Sie waren eine couragierte Frau. Bei Hermann Kesten findet sich eine Szene, die in Ihrem Haus auf dem Hügel spielt. An einem wunderschönen Abend setzte ein Sternenregen ein, und Sie gingen mit Ihren Gästen hinaus, um es anzusehen. Arnold Zweig und Bert Brecht waren da.

Unser Haus in Sanary war klein und primitiv. Ich legte zwei Bretter auf ein Gestell, das war der Schreibtisch. Es war so wundervoll, auf der Halbinsel zu leben, rings umgeben von Wasser und herrlichen starken Felsgebilden. Hinter dem Haus große

Artischockenfelder, paradiesisch. Wir hatten auch einen winzigen Strand. »Nicht größer als ein Taschentuch«, schrieb eine Zeitung.

Der Weg vom Strand hinauf zum Haus mit der Terrasse war sehr steil. Weil wir unseren Buik in Berlin verloren hatten, kaufte ich mir für 50 Francs einen Peugeot, der immer seine Pflicht tat, den Berg rauf.

Ich holte Zweig[35] und Brecht von ihrem Hotel ab, und Brecht meinte: »Wir gehen runter zum Strand, von da aus kann man den Sternschnuppenregen besser sehen.«

Ich sagte Lion Bescheid, und während er hinunterging, drehte ich den Wagen um und wollte nachkommen. Ich zog die Bremse an, legte den Rückwärtsgang ein und war schon unterwegs. Da sah ich plötzlich, wie der Wagen an mir vorbeirollte. Ich lief hinterher, sprang aufs Trittbrett und drehte das Steuerrad nach links, um den drei Mänern auszuweichen. Es war dunkel, kein Mond, nur Sterne. Dann kippte der Wagen um und fiel auf mich. Offener Beinbruch, Knöchel zerschmettert.

Ich bat Brecht, mir seinen Gürtel zu geben, um mein Bein abzubinden, damit ich nicht verblute. Er hat dann festgestellt, daß das Bremsgestänge gerissen war.

Es dauerte lange, bis alles wieder heilen konnte, vor allem, weil man zuerst das Bein abnehmen wollte, aber dagegen habe ich mich gewehrt.

Zweig war erschüttert, daß er auf diese Weise mit dem Leben davonkam, und sprach später davon im deutschen Rundfunk. Und Hermann Kesten schreibt in seinen Erinnerungen: »So rettete Marta Feuchtwanger einen großen Teil der deutschen Literatur.«

Ein eifriges Sich-gegenseitig-Besuchen in Sanary. In Thomas Manns Tagebüchern finden sich oft kurze Eintragungen: »Zum Tee bei Feuchtwangers«. Wurde auch vorgelesen aus literarischen Arbeiten?

Thomas Mann machte das gern. Er hatte wohl mal Stunden bei einem Schauspieler genommen und hat bei Wedekind in den »Elf Scharfrichtern« mitgemacht. Er sprach meisterhaft. Katja Mann kümmerte sich wenig um seine Arbeit, sie hatte zuviel mit den vielen Kindern und dem großen Haushalt zu tun. Thomas Mann hat sehr auf Erika gehört, das war ihm wichtig.

Wenn mein Mann einen Roman beendet hatte, las er aus dem Manuskript und lud dazu alle deutschen Freunde ein. An einem zweiten Abend kamen die amerikanischen Freunde, da las er nicht selbst, weil sein Englisch zu bayerisch klang. Dann las ein Professor oder ein angesehener amerikanischer Schriftsteller vor.

Mein Mann hat aus dem »Goya« gelesen. Thomas Mann las aus dem »Doktor Faustus« mehrere Male immer dieselbe Stelle. Wir waren beide da, mein Mann hat, ich hab mich so geärgert, immer alles verstanden, aber ich nicht, da war soviel Biologisches drin. Beim Vorlesen verstehe ich nicht viel, ich muß selber lesen.

Wann wurde die Situation für die Deutschen dort bedrohlich – schon bei Kriegsausbruch oder nahm man an, Frankreich würde gar nicht angegriffen?

1939, beim Feldzug gegen Polen, war hier noch kein richtiger Krieg, es hieß »phony war« – Rundfunkkrieg. Obwohl ich Fremde war, bekam ich ohne weiteres die Erlaubnis, zum Skilaufen in die Berge zu fahren. Mein Mann hatte bereits die Einreiseerlaubnis für Amerika und die Ausreiseerlaubnis aus Frankreich. Die wurde ihm plötzlich wieder entzogen. 1940 wurden alle Deutschen und Deutschstämmigen, sogar Leute, die mit Deutschen verheiratet waren, ins Lager gebracht, weil man befürchtete, viele Emigranten seien Spione. Es gab ja die »Fünfte Kolonne«, das waren Deutsche, die sich als jüdische Emigranten ausgaben, hebräisch und jiddisch sprachen und spionierten.

Es gab Männer- und Frauenlager, getrennt und nicht einmal in der gleichen Gegend. Lion Feuchtwanger kam ins Lager »Les Milles«[36] und ich ins berüchtigte »Gurs« in den Pyrenäen, nicht weit vom Atlantik.

Nach dem Waffenstillstand entstand ein solches Chaos, daß viele entkommen konnten. Ich und viele andere blieben, weil wir dachten, nur so würden wir unsere Männer finden.

Die Männer wußten aus Gerüchten, daß die meisten Frauen in Gurs waren.

Einmal wurde ich ans Tor gerufen, das war meilenweit weg, jemand hätte nach mir gefragt. Ich dachte, es ist Lion, aber es war ein Freund (später kam er in Frankreich um), der in einem Lager lebte und gehört hatte, mein Mann sei tot. Ich bin trotzdem geblieben.

Der Lagerkommandant war sehr grob gegen alle, weil er keine Gefühle zeigen wollte. Zu mir war er nett. Er kam an, schlug mit der Reitgerte gegen seine hohen Stiefel und sagte: »Die Deutschen kommen, aber seien Sie unbesorgt, ich habe die Listen verbrannt, man weiß nicht, daß Sie hier sind.« Ich verstand das als Aufforderung zu verschwinden. Versteckt, unterhalb des Stacheldrahts, hatte ich mir eine Art Gang gemacht für den Notfall. Einen ganzen Tag bin ich draußen im Wald gewesen, aber wieder zurückgekommen, weil ich dachte, mein Mann kommt. Aber als ich die Offiziere in ihren weißen Uniformen sah, da hab ich gefunden, es ist nicht mehr gesund für mich und bin endgültig verschwunden.

Flucht

Ich hatte vorher, noch im Lager, das Rote Kreuz gebeten, zwei Telegramme zu schicken, eines an Mrs. Roosevelt, die mit meinem Mann befreundet war, und eines an unser Hausmädchen, sie möge über den Bürgermeister herausfinden, wo Lion ist. Das Telegramm an Mrs. Roosevelt wurde nicht abgeschickt, aber das Hausmädchen hat immerfort zurücktelegrafiert, aber hier wurde kein Telegramm ausgehändigt. In seiner Not hat das Mädchen dann eine gewöhnliche Postkarte abgeschickt, und die kam auch an. Da stand nur der Name des Lagers, in dem mein Mann war, ein Zeltlager in Nimes. Das war einen Tag vor meiner Flucht aus dem Frauenlager.

Zu Fuß bin ich gegangen und mit Militärzügen gefahren. Zu bezahlen brauchte man nichts, man stieg einfach ein zu den Soldaten.

Ich war ja noch ziemlich jung, und betrunkene Soldaten sind nicht immer einfach zu behandeln. Aber die französischen Frauen bestanden darauf, daß ihre Männer Brom in den Wein bekamen, damit sie kein Verlangen nach anderen Frauen hätten. Da haben die Soldaten wahrscheinlich auch kein Verlangen gehabt, zu kämpfen. Jedenfalls war ich ziemlich sicher unter den Betrunkenen.

Es war so voll, kein Sitzplatz zu finden. Ein Soldat und ich haben uns auf den Boden gesetzt, Rücken an Rücken und haben uns gestützt. Ich habe nie erfahren, wie sein Gesicht aussah.

Ich bin ausgestiegen und zu Fuß weitergegangen. Weil man alles Geld abliefern mußte, hatte ich mir ein paar Francs in den Rocksaum genäht, das war sehr gefährlich. Ich suchte mir ein ganz billiges Hotel und fragte nach einer Dachkammer. Die Leute haben kein Geld von mir genommen.

Für Lebensmittel brauchte man Marken, und die hatte ich nicht. Auf die Bürgermeisterei wagte ich mich nicht, denn ich hatte gesehen, daß man viele gefesselt wieder zurückschickte. In einer Bäckerei sagten sie, es täte ihnen leid, aber ohne Marken dürften sie mir nichts verkaufen. Als ich aus dem Laden trat, ich muß verhungert ausgesehen haben, blieb ein altes Ehepaar stehen: »Haben Sie nichts bekommen?«

»Nein, ich habe keine Marken.«

»Das ist ja furchtbar, wir geben Ihnen unsere Marken.«

Die Franzosen hatten nicht mehr viel zu essen. Ich bekam die Marken und kaufte Brot – ganz fremde Leute!

Ich ging auf den Marktplatz, wo die Taxis standen, und fragte einen Fahrer, ob er wüßte, wo das Lager St. Nicola sei.

Er wußte das genau, weil er jeden Tag die Schwarzhändler dorthin fuhr. Im Lager gefangen waren auch Soldaten der Fremdenlegion, viele Deutsche darunter. Als Nichtjuden waren sie frei und konnten sich für ihr Geld gutes Essen auf dem Schwarzmarkt kaufen.

Ich sagte dem Fahrer, daß ich kein Geld hätte, da meinte er: »Ach was, Sie kommen einfach mit als Schwarzhändler und zahlen zehn Francs.« Das waren zwei Goldmark. So fuhr ich also als Schwarzhändler ins Lager.

Der erste, den ich sah, war der Maler Max Ernst, ganz ausgemergelt. Mein Mann wurde ausgerufen. Als er seinen Namen hörte, glaubte Lion, er würde jetzt an die Deutschen ausgeliefert. In der Zeitung hatte nämlich gestanden, daß die Deutschen sich jeden von der Vichy-Regierung[37] ausliefern lassen können.

Mein Mann war furchtbar unterernährt und sah krank aus.[38] Er könne kein Essen bei sich behalten, sagte er mir, und die Ärzte hätten gesagt, er müsse zwei Sachen bekommen, die es nicht gab: ungesüßte Schokolade und unreife Äpfel.

Man wußte aus dem Ersten Weltkrieg in Bulgarien, daß unreife Äpfel das beste Mittel gegen die Ruhr sind. Bittere Schokolade hatte ich für alle Fälle im Rucksack, weil mein Mann die so gern aß, und hab sie im Lager nicht angerissen, auch wenn ich noch so einen Hunger hatte.

Ich ging zu dem Chauffeur, der mich hergefahren hatte, und fragte ihn, wo man unreife Äpfel bekommt. Es war noch nicht die richtige Zeit, aber er wollte es versuchen. Und dann kam er mit den Äpfeln, hatte sie beim Bauern gefunden.

Immer geschieht etwas Gutes, Unerwartetes.

Ich wollte dann in Marseille einen jungen amerikanischen Konsul[39] aufsuchen, den wir kannten, und ihn um Rat fragen wegen eines Visums. Als ich aus dem Zug steigen wollte, sah ich den Aufruhr an der Sperre, Menschen und Polizei. Ein großer, schwerer Mann, belgischer Flüchtling, hatte da Schwierigkeiten. Ich hatte ja keine Papiere und bin wieder in den Zug zurück.

An der nächsten Haltestelle, da wurde Wasser für den Zug geschöpft, bin ich ausgestiegen und zu Fuß nach Marseille gegangen.

Auf der berühmten Cannebièrre sah ich vor mir einen Mann. Sieht aus wie ein Emigrant, dachte ich, von der Seite konnte ich einen kleinen Bart erkennen. Es war Emil Gumbel, der Philosoph, ein Freund von uns. Er hatte sich einen Bart stehenlassen, um sich zu verkleiden. Seine Frau war Nicht-Jüdin, dadurch war es für ihn leichter. Mit Protektion kam er später nach Amerika.

Es war schrecklich heiß, und vor dem Konsulat stand eine riesige Menschenschlange, um den ganzen Block herum, seit Tagen schon. Viele alte Leute wurden ohnmächtig. Immer um sechs Uhr wurde zugesperrt und den Leuten gesagt: Kommt morgen wieder! Alle wußten, daß es höchste Zeit war, herauszukommen, aber ohne Ausreiseerlaubnis war das unmöglich. Ich wollte mich hinten anstellen, aber dann dachte ich, das kann ich mir nicht leisten. Ich muß Lion freikriegen, er ist gefährdeter als andere.

Dann ging ich an allen Leuten vorbei bis zur Tür des Konsulats. Bis heute geht mir das nach, wie ich die Leute da hab stehen sehen und habe mich nicht angestellt, ich habe immer noch ein schlechtes Gewissen. An der Tür hab ich einen kleinen Zettel genommen und meinen Namen draufgeschrieben.

Der Mann nahm den Zettel und kam gleich wieder zurück mit einem Herrn vom Konsulat. Man führte mich hinein, und alle waren glücklich, daß wenigstens ich frei war. Sie hatten schon von Roosevelt Bescheid bekommen, meinen Mann unter allen Umständen zu retten – und das war auf eine merkwürdige Weise passiert. Jemand hatte meinen

Mann hinter dem Stacheldraht von Le Mille fotografiert und das Bild dem Verleger Huebsch von der Viking Press geschickt, das war ein Freund von uns. Der hat das Foto sofort in Washington der Mrs. Roosevelt gezeigt. Die gab es ihrem Mann, und es kam ein Erlaß, man möge alles tun, um Lion zu retten. Für mich war das ein Trost, denn im allgemeinen haben sich die Amerikaner nicht sehr gut gegen Emigranten benommen. Viele Amerikaner waren für Vichy und wollten die guten diplomatischen Beziehungen nicht stören.

Ich konnte den Leuten vom Konsulat genau schildern, wo Lion war, aber niemand war bereit, etwas zu tun. Da sagte ein junger, etwas abenteuerlicher Konsul: »Ich versuch's mit der Mafia.«

Er ging also zur Marseille-Mafia am Hafen. Sie sagten ihm: »Wir tun alles, was Sie wollen, wir bringen Leute um, wenn Sie wollen, aber mit den Nazis wollen wir nichts zu tun haben, denen sind wir nicht gewachsen.« Darauf der Konsul: »Dann fahre ich hin und versuche, ihn herauszubekommen.«

Ich schrieb ihm einen kleinen Zettel, nicht größer als eine Handfläche innen, darauf stand: »Frag nichts, sag nichts, geh mit.«

Ich erklärte dem Konsul, wie er auf den Landstraßen nach Le Mille kommt. Ich erklärte ihm, daß viele Lagerinsassen nachmittags zum Fluß hinuntergingen, um sich zu waschen. Da wären dann nicht so viele Wachen, denn sie könnten unbekleidet ja nicht weglaufen. Wirklich hat der Konsul den Lion gefunden und ihm den Zettel zugesteckt. Natürlich erkannte Lion meine Schrift; meinen Namen hatte ich nicht druntergesetzt, um den Konsul nicht zu gefährden.

Lion ging mit, der Konsul hatte sein Auto hinter einem Busch versteckt und Mantel und Schal bei sich. Das mußte Lion anziehen und ins Auto steigen. Um das Ganze noch natürlicher zu machen, hatte der Konsul eine Dame aus Nimes dabei, die ich ihm empfohlen hatte. Immer, wenn er angehalten wurde von einer Patrouille, zeigte er seinen Diplomatenpaß. Und wenn man fragte, wer hinten sitze, hat er gesagt: »Meine Schwiegermutter.« So kam er ungefährdet nach Marseille.

Jetzt war natürlich das große Problem: Wie sollte Lion Feuchtwanger aus Frankreich herauskommen? Mit seinem Namen würde er keine Schiffspassage bekommen. Wer aus Frankreich weg wollte, benötigte das Ausreisevisum der Vichy-Regierung.

Erstens das – und außerdem das Einreisevisum für Spanien und für Lissabon. Das bekam man nur, wenn man die Einreiseerlaubnis für Amerika hatte. Wir wollten Lion nicht auf die Straße gehen lassen, und ich fuhr immer mit der Elektrischen statt mit dem Taxi, um nicht aufzufallen.

Der Konsul sagte, ohne Ausreiseerlaubnis könne mein Mann kein Visum bekommen und ohne Visum nicht durch Spanien und Portugal fahren. Ich müßte das besorgen, aber: »Ich kann es Ihnen nicht verschaffen, ich muß erst von Washington Bescheid bekommen. Unter Ihrem Namen ist es ganz unmöglich. Ich könnte es höchstens tun, wenn Sie einmal ein Pseudonym hatten und wenn Sie beschwören, daß Sie es wirklich hatten.«

Da erinnerte sich Lion daran, daß er in Berlin zum Spaß, angeregt von Sinclair Lewis' »Babbit«, Balladen über die amerikanischen Sitten geschrieben hatte. Und zwar unter der Übersetzung des Namens Feuchtwanger: J. L. Wetcheek. Jeden Sonntag wurden diese Balladen im »Berliner Tagblatt« veröffentlicht, bis einer darauf kam, den Namen rückzuübersetzen, da war der Spuk vorbei. Immerhin waren es so viele Gedichte, daß sie zu einem Büchlein vereinigt wurden – »Pep« hieß es, und Caspar Neher machte dazu ein schönes Titelblatt. Sinclair Lewis übersetzte es mit Dorothy Thompson ins Englische. Unter dem Pseudonym Wetcheek bekam Feuchtwanger die Einreiseerlaubnis für die Vereinigten Staaten und ich auf meinen richtigen Namen eine Erlaubnis als Besucher. Zusammen mit Lion konnte ich nicht fahren, ich hätte ihn beim Paßübergang an der Grenze gefährdet.

Ich sollte vielleicht erzählen, wie schwierig es war, diese Grenze zu überwinden. Es ging da um eine große und geheime Rettungsaktion, eine »Bewegung«. Varian Fry[40], ein Quäker und Professor an der Columbia-Universität, erzählte uns, er sei da, um Lion zu retten, könne es aber nicht selbst tun, um die Bewegung nicht zu gefährden. Er habe nun einen guten Freund damit beauftragt, einen amerikanischen Geistlichen von den Unitariern. Der würde es allein machen, im Auftrag von Mrs. Roosevelt. Mit diesem Geistlichen fuhren wir nach Cerbère.

Dann sind Sie also nicht, wie geschrieben wurde, mit Heinrich Mann und dessen Frau Nelly, mit Golo Mann und den Werfels über die Grenze gegangen?

Es war so geplant, wir dachten aber, daß der Name Feuchtwanger die anderen in Gefahr gebracht hätte. Er hatte gegen Franco geschrieben und war gut bekannt in Spanien.

Der Unitarier fuhr mit uns allein an die Grenze, in den Pyrenäen, wo der Weg zum Zollhaus führt, das oben am Grat lag. Einige Zolleute wollten helfen, andere zögerten und sagten, daß alle sechs Stunden oder so Ablösung sei und nicht sicher, daß die Bestochenen am nächsten Morgen auch da wären.

Der Geistliche riet uns: »Verlassen Sie sich nicht darauf, daß man Sie durchläßt, gehen Sie geradeaus bis zum Grat!«

Er hatte eine Landkarte. Als alte Skiläuferin war ich das Klettern gewöhnt und konnte die Richtung halten. Wir sind geklettert, ganz gerade hinauf. Die anderen folgten den Windungen der Straße, die wir nur einmal ganz schnell überqueren mußten. Ich hatte Glück und fand die Richtung.

Auf dem Grat hörte ich unter mir Stimmen – das Zollhaus. Lion mit seinen guten »Wetcheek«-Papieren ging voraus. Ich wartete, bis ich ihn aus dem Zollhaus kommen sah – und dann schnell den Berg hinunter.

Der amerikanische Konsul hatte den guten Einfall gehabt, mich mit vielen Päckchen Camel-Zigaretten zu versorgen. Ich hatte sie in den Taschen meines Kostüms und im Rucksack verstaut.

Zu den Beamten sagte ich: »Meine Zigaretten wollte ich gern mitnehmen, ich hörte aber, daß man sehr viel Zoll bezahlen muß, es lohnt sich nicht« – und schüttete alle Zigaretten auf den Tisch.

Die Zolleute stürzten sich darauf, einer machte mir rasch den Stempel in meinen deutschen Paß mit dem Namen Feuchtwanger, und ich raste den Berg hinunter, bis mich keiner mehr sah. Eine komische Episode – und gefährlich.

Endlich an der Grenze zu Portugal.

Plötzlich tauchten Beamte auf, nahmen uns alle Papiere weg, wir mußten aussteigen. Da standen wir auf dem Bahnhof, und keiner wußte, was los war.

Wir wurden getrennt: Lion mit dem Reverend auf der einen Seite, ich auf der anderen.

Eine Dame ruft laut: »Ist es wahr, Lion Feuchtwanger ist im Zug?«

Ich: »Wer ist das denn?«

Sie: »Wie kann man nur so ungebildet sein und nicht wissen, wer Lion Feuchtwanger ist.«

Der Reverend merkte gleich, was los war, und rief: »Shut up!«

Es handelte sich um eine amerikanische Journalistin, die eine wichtige Nachricht in die Vereinigten Staaten telegrafieren wollte, einen »Scoop«. Verschüchtert sagte sie: »Aber ich wollte doch nur einen Scoop haben.«

Der Reverend: »Denken Sie nicht daran, daß Sie damit Menschen gefährden?«

Na ja, sie zog sich verlegen zurück.

So kamen immer wieder die kleinen Schrecken.

Endlich gab man uns die Papiere zurück, und wir durften in den Zug steigen.[41]

Bei Stalin

Wenn Sie Lion Feuchtwanger in wenigen Sätzen charakterisieren wollten, was waren für Sie seine wichtigsten Eigenschaften?

Er war anständig und brachte dafür Opfer. Nie hat er willentlich etwas Unanständiges getan.

Am wenigsten hat mir gefallen, daß er so kindlich mit seinen Erfolgen protzte. Auch Arnold Zweig hatte diese Eigenschaft. Natürlich sollen sie sich freuen, wenn sie Erfolg haben, wer sonst sollte sich darüber freuen. Aber die Leute hörten das nicht gern. Und es gab noch etwas: seine heftigen politischen Debatten, auch zum Beispiel mit Franz Werfel.[42]

In seiner Jugend war Franz Werfel links, sogar marxistisch, glaube ich. Seine Frau erzählte mir: Als er während einer Revolution in Wien verschwitzt und zerzaust zu ihr gekommen sei, hätte sie gesagt: »Wenn du mir so kommst, laß ich dich nicht mehr rein!« Damals war sie noch mit dem Architekten Walter Gropius verheiratet. Aus Liebe zu dieser Frau hat Franz Werfel sich vollkommen verändert. Er ließ sich zwar nicht taufen, weil, wie er meinte, er das in der Hitler-Zeit nicht tun könne, es sähe opportunistisch aus. Aber er wurde Katholik, ein aufrichtig frommer Mann, der jeden Sonntag zur Beichte ging. Und er wurde ein wütender Antikommunist.

Wir schauten uns nur an, wir kannten ihn bis dahin nicht persönlich. Lion schätzte Werfel als Schriftsteller, das war alles.

Der Grund für Werfels Attacke war die Rußlandreise meines Mannes, nach 1936. Lion reagierte nicht, erwiderte nichts, doch er fand es nicht richtig, daß Emigranten untereinander streiten. Er bat Werfel ins Hotel, und beide fingen sofort an, wegen der Rußlandreise miteinander zu streiten.

Ich bin nicht so viel Frauenrechtlerin, daß ich mich einmische, wenn Männer diskutieren. Da aber hab ich meine guten Vorsätze vergessen: »In Rußland ist es halt so, da alle arm sind, spürt's keiner so sehr.«

Wütend schrie Werfel mich an: »Was verstehen Sie davon, mischen Sie sich nicht ein!«

Gleich hat er das bereut, kniete sich vor mich hin und bat um Verzeihung.

Lion bestellte Kaviar, beide waren Feinschmekker, und das war dann die Aussöhnung.

Welchen Vorwurf machte Werfel denn Lion, er sei zu unkritisch Rußland und dem Kommunismus gegenüber?

Daß er überhaupt nach Rußland gefahren war.[43] Und daß er, wie er in seinem Buch schreibt, Ja sagte zur kommunistischen Bewegung und zu dem, was Menschen da gemacht haben ohne Hilfe, aus dem Nichts und in furchtbarer Armut. Das hatte ihm imponiert.

Lion Feuchtwanger fuhr nach Rußland, um in Moskau zusammen mit Willi Bredel und Bert Brecht die Zeitschrift »Das Wort« zu starten. Das trug ihm auch später noch zahlreiche Vorwürfe ein. Man sah es als eine Verbeugung vor dem Kommunismus, das Einverständnis mit Stalin und seinen Methoden. Welche Erfahrungen hat Lion in Moskau gemacht?

Er ist ungern gefahren. Er war gerade mitten in seiner Arbeit am dritten Teil des »Josephus«[44] und konnte nur schwer unterbrechen. Er fühlte sich aber verpflichtet, den deutschen Schriftstellern dort zu helfen, die anders die Zeitschrift nicht hätten finanzieren können. Und dann, nach allem, was er gehört hatte, war er höchst erstaunt, daß es den Menschen dort gar nicht so schlecht ging, daß sie nicht unzufrieden waren. Daß Stalin sich nach dem Krieg so furchtbar verwandelte, hat Lion bedauert und nicht gerechtfertigt.

Er meinte, die Jahre des Krieges hätten Stalin zugesetzt und eine Art Verfolgungswahn in ihm erzeugt. Für Lion war wichtig, daß Stalin nicht mit Hitler ging. Stalin hatte zu Lion gesagt: »Ich bin davon überzeugt, daß Hitler eines Tages auch über mich herfallen wird.«

Die Unterredung mit dem Generalissimus verlief wohl nicht sehr freundschaftlich?

Mein Mann hatte eine starke Grippe und war müde, konnte die Einladung aber nicht gut absagen. Es war da noch der Chefredakteur von der »Prawda« oder der »Istwestija«, Tal hieß er, der fungierte als Dolmetscher.

Stalin fragte, ob er rauchen dürfe.

Lion: »Ich hab gerade eine sehr starke Grippe gehabt, lieber nicht.«

Stalin legte die Pfeife, die er eben anzünden wollte, wieder hin.

Dann Lion: »Ihr begreift nicht, wie unerträglich es ist, wenn an allen Straßenecken, an allen Museen, überall Ihr Bild ist, riesig, aufgeblasen.«

Stalin: »Man muß sehr laut schreien, um in Wladiwostok gehört zu werden.« Aber die Kritik nahm er Lion übel, ging auf und ab und sagte zu Tal: »Und so jemanden laden Sie zu mir ein.«

In der Aufregung fing er an zu rauchen.

Dann sprach man über Trotzki. Lion fände, er sei ein ausgezeichneter Schriftsteller.

Merkwürdig, obwohl er so freundlich über Trotzki sprach, wurde Lions Buch in Rußland gedruckt, wir hätten es nicht für möglich gehalten. Lion schrieb darin, Trotzki sei ein Dogmatiker und großartig im Aufbau der Revolution. Er hätte die Rote Armee gewissermaßen aus dem Boden gestampft und kampfstark gemacht. Aber Trotzki wollte damals die Revolution über die Welt verbreiten – sein Dogma, von Karl Marx her. Stalin hatte aber gesagt: »Wir müssen erst bei uns Ordnung schaffen, erst muß es unseren Leuten besser gehen, erst müssen wir die Leute ernähren, bevor wir die Weltrevolution machen.«

Von seinem Standpunkt aus hätte Stalin richtig gehandelt, fand mein Mann.

Ich hörte, wie Trotzki zu Freunden sagte: »Der Feuchtwanger ist ein Dummkopf.«

Wie hat Feuchtwanger die Blutprozesse beurteilt, die Todesurteile, die von Stalin oder seinen Richtern verhängt wurden?

Als er mit Stalin sprach, hatten die Prozesse eben begonnen. Lion fragte: »Wäre es nicht eine gute Geste, wenn Sie die Leute begnadigen würden?«

Stalins Antwort: »Das habe ich schon einmal getan, dies ist der zweite Prozeß. Es waren schon einige in Sibirien, und ich habe sie wieder zurückgeholt. Jetzt kann ich mir das nicht mehr leisten.«

Nur beim Radek hat er nachgegeben. Mein Mann hat ihn, glaube ich, einmal getroffen. Karl Radek wurde nur zu zehn Jahren verurteilt, nicht zum Tode.

In Rußland lernte Lion den amerikanischen Botschafter Davis kennen und ging mit ihm zu einem Prozeß. Es war merkwürdig, der Prozeß wurde nicht im Gerichtssaal geführt, eher wie in einem Herrenclub, wo Menschen sich unterhalten, politisieren. Der Staatsanwalt zum Beispiel ging zum Angeklagten, setzte sich auf dessen Sessellehne und diskutierte über Politik. Meinem Mann erschien das sehr menschlich. Es wäre ihm wohl nicht so vorgekommen, wenn er damals schon gewußt hätte, daß die Menschen später zum Tode verurteilt wurden.

Auf dem Nachhauseweg fragte er den Botschafter: »Ich habe nichts verstanden, ich kann ja nicht russisch, aber halten Sie es nicht für grausam, wenn die Menschen da wegen ihrer Überzeugung vor Gericht gestellt werden?«

Davis antwortete: »Nach dem russischen Gesetz sind die Prozesse einwandfrei geführt worden.« Er könne, als Jurist, keine Einwände dagegen erheben.

Es herrschte Bürgerkrieg, ein Machtkampf zwischen Stalin und Trotzki wurde da ausgekämpft, so sah es mein Mann.

Feuchtwangers prokommunistische Einstellung war wohl mehr die Ansicht eines »Fellow-travellers«, wie man damals sagte. Hat sie bis zu seinem Tode 1958 angehalten, oder kam er zu einer anderen Auffassung?

Nein, es war immer gleich. Vor allem, seine Ansichten waren ja marxistisch, und der Kommunismus kann in jedem Land anders gemacht werden. Man muß nicht kommunistisch sein, wenn man für Rußland ist, und man muß nicht für Rußland sein, wenn man Kommunist ist. Es ist eben ein russischer Kommunismus, so wie Jugoslawien eine andere Art Kommunismus hat. Lion war für die marxistische Theorie der gerechten Güterverteilung, das schwebte ihm vor – obwohl er selbst gern gut lebte und auch Luxus nicht verabscheute.

Diese Grundidee des Kommunismus, die gleichmäßige Güterverteilung, diese Einstellung – hat sie Lion Feuchtwanger geschadet?

Natürlich, ungeheuer. Sein Buch über Rußland hat ihm und der Freundschaft mit Brecht geschadet. Er hat deshalb nie die amerikanische Staatsangehörigkeit bekommen, um die wir uns bemühten. Es ist sehr unbehaglich, kein Bürger zu sein. Wir waren staatenlos. Das brachte viele Unannehmlichkeiten. Stets mußte er sich als Ausländer bei der Polizei melden.

Lion sagte aber, er fühle sich als Deutscher; die deutsche Sprache sei seine eigentliche Heimat. Er mochte nicht gern ein anderer Staatsangehöriger werden. In meinem Alter, sagte er, kann man sich nicht plötzlich in einen anderen Staatsangehörigen verwandeln, das ist nur eine opportunistische Geste, die man da macht.

Deutsch-Kalifornien

Unter dem Pseudonym »Wetcheek« besaß Lion Feuchtwanger die begehrte Einreiseerlaubnis in die Vereinigten Staaten. Seine Frau, die ihre ganze Ener-

gie und Tatkraft aufbrachte, ihren Mann am Leben zu erhalten, bekam nur das Besuchervisum.[45]

Amerika bedeutete für Sie beide einen neuen Lebensabschnitt. Lion Feuchtwanger war durch seine Reisen schon mit der amerikanischen Mentalität vertraut. Hatten Sie es schwer, sich in Amerika hineinzufinden?

Ich bin charakterlos und komme überall an. Merkwürdig, obwohl ich doch gut französisch sprach, mit den Bekannten Ski gelaufen bin und gut mit allen stand, war Frankreich für mich mehr ein Badeaufenthalt, kam ich mir dort fast wie eine Fremde vor.

Hier in Amerika fühlte ich mich sofort vertraut. Diese Mentalität ... es war gleich so demokratisch.

Lion wollte sich einen Sportanzug kaufen und schrieb im Geschäft einen Scheck aus. Man erkannte seinen Namen und sagte: »Ach, Sie sind also der Lion Feuchtwanger, der auf so abenteuerliche Weise angekommen ist. Wir fühlen uns sehr geehrt, daß Sie bei uns einkaufen.« Als wir gingen, haute der Mann dem Lion furchtbar auf die Schulter: »Good bye, folks!« – das fanden wir wunderbar, also so unfeierlich und ohne viel Respekt oder irgend so was.

In Sanary-sur-Mer hatte sich seinerzeit eine deutsche Emigrantenkolonie gebildet. Hier in Kalifornien war es nicht viel anders. Man nannte diese

Gegend spaßeshalber »Deutsch-Kalifornien«. Wie beurteilen Sie die Solidarität unter den Emigranten?

Eine gewisse Solidarität äußerte sich im Haß gegen Hitler und den Nationalsozialismus. Die Emigranten aus Österreich sahen immer ein wenig auf die Reichsdeutschen herab, nannten sie »Piefkes« und schlossen sich eng zusammen. Fast alle Österreicher wohnten in Beverly Hills und trafen sich oft nachmittags zum Kaffeeklatsch. Wir waren nicht beteiligt, obwohl wir eigentlich mit allen befreundet waren. Manche standen dazwischen – wie Bruno Frank. Als Reichsdeutscher war er mit einer Österreicherin verheiratet und mit beiden Kreisen eng befreundet.

Irgendwelchen Zwiespalt gab es eigentlich nie, aber die meisten verurteilten die Haltung meines Mannes. Sie fanden, er sei zu Rußland-freundlich.

Nach Stalingrad änderte sich das mit einem Schlag. Da war mein Mann der Prophet, der alles vorhergesehen hatte. Frau Werfel, die doch katholisch war und Antikommunistin, rief an: »Ihr Stalin, der ist ja ein Genie, der hat uns gerettet!«

Vielen Emigranten ging es wirtschaftlich nicht gut; wie wirkte sich das hier in Kalifornien aus?

Es geht jedem schlecht, der nicht genug verdienen kann und etwas annehmen muß. Es wurde für jeden gesorgt, aber sehr taktvoll und nicht einzeln von Person zu Person. Geholfen wurde über den sogenannten »Europäischen Film-Fonds«; den hatten die Dieterles gegründet, zusammen mit Liesl Frank, die sehr eifrig damit beschäftigt war. Es wurde Geld gesammelt und von dort aus auch ausgezahlt. Der Fonds hat auch Emigranten dadurch die Einreise ermöglicht, daß ihnen Arbeit versprochen wurde. Es durfte ja niemand herüberkommen, der kein »Affidativ« (eidesstattliche Erklärung) vorweisen konnte, daß für ihn und seine Familie ein Jahr lang gesorgt werden würde.

Lion Feuchtwanger betraf das nicht. Er, Thomas Mann und Franz Werfel waren es, die den Fonds unterstützten. Das Großartige war: Niemand wußte, wer wieviel und was getan hatte.

Eine direkte Unterstützung erhielt Heinrich Mann. Er war schon zu alt und konnte nicht mehr für den Film arbeiten. Thomas Mann und Lion sorgten für ihn, aber von Lion wußte Heinrich Mann nichts, das hat die Katja irgendwie arrangiert.

Ein Jahr lang arbeitete Heinrich Mann offiziell für den Film. Sein Name stand an der Bürotür, aber er hat nie etwas getan, nur gelesen. Von Zeit zu Zeit schaute einer der Producer herein, ob er auch da ist für sein Geld. Nach einem Jahr war das zu Ende, aber er hat, glaube ich, noch weiter sein Gehalt bekommen für einige Zeit. Das hat wohl mein Mann bei Warner durchgesetzt.

Als es dann nicht mehr weiterging bei Warner, hat seine Frau, die Nelly, als Büglerin für die Armee gearbeitet, aber das reichte natürlich nicht. Dann haben die Russen für Heinrich Mann gesorgt, nämlich durch Bezahlung seiner Bücher, die in Rußland gedruckt wurden. Eines Tages erschien hier der russische Generalkonsul aus San Francisco und legte 5 000 Dollar auf den Tisch. Damals eine große Summe. In bar, damit ein Scheck aus Rußland ihn nicht in Verlegenheit brachte.

Es gab dann natürlich eine große Party. Der russische Konsul war da und alle anderen auch.

In Amerika

Wie gestaltete sich die Zusammenarbeit mit Brecht? Kam der mit dem »american way of life« zurecht?

Nun, Brecht interessierte sich ungeheuer für den Film, von jeher schon, und er glaubte, hier neue Wege gehen zu können.

Fritz Lang bewunderte und verehrte Brecht. Er war für Autorität und forderte Brecht gleich auf, einen Film mit ihm zu machen: »Hangmen also die« hieß er. Doch die Zusammenarbeit ging nicht recht vonstatten, sie waren zu verschieden. So berühmt Fritz Lang schon war, hatte er es doch sehr schwer. Neue Ideen wollte man hier nicht und schon gar nicht die Ideen eines Brecht, obwohl der eigentlich nicht politisch sein wollte. Aber er sah eben das Ganze neu, wußte, wie er's machen wollte.

Ich weiß noch, wie die beiden zu uns kamen. Brecht machte seine Vorschläge, aber Fritz Lang meinte: »Das kaufen sie mir nicht ab.« Brecht machte einen neuen Vorschlag, der schien dem Lang besser: »Ja, das kaufen sie mir eventuell ab.« Ich hatte von Anfang an den Eindruck, da stimmte nichts zusammen, so gern Fritz Lang das wollte.

Brecht hat dann auch eingesehen, daß es so nicht weiterging. Es ärgerte ihn auch, daß Lang für seine Frau keine Rolle hatte. Aber die konnte ja nicht richtig Englisch, nur Wienerisch-Englisch, so wie ich Bayerisch-Englisch kann. Beim Film konnte man das nicht brauchen – außer wenn man im Film eine Emigrantin spielen mußte, und die kam in diesem Film nicht vor.[46]

Lang und Brecht haben sich dann getrennt, ein anderer hat den Film fertiggestellt, und Brecht zog seinen Namen zurück.

Und die Zusammenarbeit Brecht/Feuchtwanger?

Sehr gut natürlich. Brecht suchte gleich nach einem Stoff für ein gemeinsames Stück. Er las Lions Bericht »Der Teufel in Frankreich«[47] über seine Erlebnisse im Lager. Das Ende hatte er aber nicht beschreiben können, auch nicht die Flucht, weil das irgendwann andere gefährdet hätte.

Die Schilderung der Flucht der Franzosen vor den Deutschen, vor der deutschen Armee, vor den Stukas und so, das hat Brecht so beeindruckt, daß er daraus ein Stück machen wollte.

Dann war da noch die Ruth Berlau, eine Schriftstellerin, die mit Brecht aus Dänemark gekommen war und überall mit ihm ging, die hatte eine Idee. Mein Mann hatte sie merkwürdigerweise auch schon lange gehabt: eine Verbindung von Traum und Wirklichkeit. Tagträume ins tägliche Leben bringen. Die Berlau hat das dem Brecht erzählt, und dann schrieben Brecht und Lion »Die Geschichte der Simone Marchard«[48] – ein Mädchen aus dem Volk glaubt nach der Lektüre der »Jungfrau von Orleans«, selbst diese Jungfrau zu sein. Brecht und Lion schrieben das gemeinsam. Brecht ging auf und ab und erzählte seine Einfälle. Mein Mann erzählte seine Einfälle und machte sich Notizen.

Wenn sie dann den ganzen Tag lang mit heißen Köpfen gearbeitet hatten, gingen sie in den oberen Stock, wo die Sekretärin saß, und mein Mann diktierte ihr aus den Notizen. Am nächsten Tag arbeiteten sie mit den Notizen weiter.

Zu dieser Zeit war auch Hanns Eisler in Hollywood.[49]

Der hat uns allen Spaß gemacht. Ungeheuer gescheit war er, witzig, redegewandt. Er gewöhnte sich sofort hier ein, war kritisch und machte gute Vorschläge. Den Brecht hat er so gut verstanden. Mein Mann las ihm gern vor, um sein Urteil zu hören.

Eisler fand bei Chaplin, der ihn schätzte, sofort Arbeit. Mit Chaplin war es sehr schwer – er war großzügig in der Bezahlung –, wollte aber immer selbst komponieren. Chaplin hat ja auch für die meisten seiner Filme selbst komponiert.

Eisler sagte einmal zu ihm (und sie waren miteinander befreundet): »Charlie, das ist alles sehr schön, aber entweder komponierst du oder ich, beide können wir nicht komponieren.« Und Charlie antwortete: »In diesem Fall möchte ich es eigentlich lieber selber machen. Aber das ist ganz gleich – wir bleiben zusammen und besprechen alles.«

Chaplin hat den Eisler weiter bezahlt wie zuvor.

Eisler wohnte in Malibu in einem Häuschen am Meer. Jeden Sonntag gab es große Einladungen und alle kamen. Merkwürdige Leute wie Artie Shaw, damals der berühmte Jazz-Spieler, Ava Gardner, Max Reinhardt, Thomas Mann – alles kam, was irgendwie interessant war, das waren schöne Nachmittage.

Zwischen den Familien Feuchtwanger und Chaplin entstand eine Freundschaft, die bis in unsere Tage reicht. Oona Chaplin war vor einigen Tagen hier in Pacific Palisades. Chaplin war, bei aller Anerkennung, doch umstritten?

Nicht als Künstler, nur wegen seiner politischen Ansichten. Dabei war er alles andere als ein Kommunist. Er war viel zu undogmatisch, um einer politischen Richtung anzugehören, außer einer ganz rechten. Sonst hatte er keinen besonderen politischen Glauben. Man nahm ihm aber übel, daß er Engländer blieb und nicht Amerikaner wurde. »Was für einen Grund habe ich, ich bin nun einmal in England geboren, warum soll ich plötzlich Amerikaner werden?« sagte er.

Er besaß immer etwas leicht Rebellisches, und das gefiel den Leuten hier nicht. Sie behaupteten, er verdanke Amerika alles, weil er hier seine großen Erfolge hatte. Wir alle sagten, Amerika hätte ihm alles zu verdanken, weil er ein großer Künstler ist. Aber eingebildet und so war er gar nicht.

Die Freundschaft zwischen den Familien Chaplin und Feuchtwanger führte zu dem Wunsch nach einer Zusammenarbeit. Dies ging aber mehr von Chaplin aus?

Mein Mann war nie für Zusammenarbeit, er konnte sich das nicht recht vorstellen. Mein Mann hatte Chaplin schon bei seinem ersten Besuch in den USA kennengelernt, und zwar so: Chaplin hatte Albert Einstein gebeten, sie beide bekanntzumachen, und sagte zu Lion: »Ich hab Sie vor allem kennenlernen wollen, weil ich Ihren Roman ›Jud Süß‹ verfilmen will. Ich möchte darin gern die Hauptrolle spielen.«

Mein Mann erschrak. Er verehrte und bewunderte Chaplin, konnte sich aber nicht vorstellen, daß der kleine Mann mit den großen Schuhen und dem kleinen Schnurrbärtchen den Jud Süß spielen könnte. Er versuchte, Chaplin das auszureden.

Später, als wir Chaplin als »Monsieur Verdoux« sahen, haben wir ihn besser verstanden.

Der englische Film »Jud Süß« wurde dann gemacht, mit Conrad Veidt in der Hauptrolle. Chaplin war mit Einstein bei der Premiere in New York. Mein Mann war zur Premiere in London, und gleichzeitig lief noch eine Premiere in Kanada. Chaplin schickte ein Telegramm und ein Foto mit sich und Einstein. Einstein schrieb darauf: »Dem Meister det janzen.« Dabei war Einstein Schwabe und gar nicht norddeutsch.

Es kam dann die Zeit, in der alle, die mit dem Kommunismus sympathisiert hatten oder ihn für eine gute, gerechte Sache hielten, in materielle und körperliche Gefahr gerieten. Welche Erfahrungen haben Sie mit dem »House Committee on Un-American Activities« gemacht?[50]

Ich muß gestehen, ich hab immer Angst gehabt, mehr Angst eigentlich als vorher. Vielleicht, weil ich endlich einmal wieder die Sicherheit gespürt hatte und verwöhnt war. Jedesmal, wenn die Klingel getönt hat, ist mir das Herz stehengeblieben. Das war natürlich noch ein Überbleibsel der Angst, die man in Frankreich hatte, aber da war auch wirklich die Gefahr, daß alles zerstört werden würde, das Leben. Mein Mann hätte nie mehr veröffentlichen dürfen. Jeder konnte eingesperrt werden. Freunde von uns, die sogenannten »Hollywood Ten«, wurden für ein Jahr eingesperrt, weil sie sich geweigert hatten, dem Kommunismus abzuschwören. Die meisten waren Universitätsprofessoren und Schriftsteller und hatten alle schon einmal den Eid geschworen, als sie beim Militär waren, und wollten sich nicht zwingen lassen, noch einmal einen Eid zu schwören. Das war ihr ganzes Verbrechen.

Albert Maltz, ein Freund von mir, ein sehr kraftvoller Schriftsteller, war eingesperrt und mußte dann nach Mexiko, und dort hat man ihm jede Möglichkeit entzogen, weiterzuleben. Man sagt, die großen Filmleute wären feige gewesen. Sie haben aber, wenn sie konnten, geholfen und haben Filme machen lassen unter falschem Namen.[51] Das Script eines Flüchtlings wurde unter falschem Namen verfilmt und hat den Oscar bekommen.

Derjenige, der am meisten geholfen hat und vor allem auch den deutschen Emigranten, denen es schlecht ging, war Wilhelm Dieterle.[52] Er gab die ungeheure Summe von einer halben Million Dollar aus – nicht auszudenken, das wären heute drei Millionen – für die Verfolgten und Emigranten. Zu Weihnachten ist er immer wie der Heilige Nikolaus herumgefahren und brachte den Leuten Geschenke. Menschen eine Freude zu machen, war sein größtes Vergnügen. Auch für Brecht hat er viel getan.

Eines Tages wurde auch Brecht vor das »House Committee on Un-American Activities« zitiert.[53] Das war arg genug, aber er hat die Leute auf den Arm genommen. Ich habe das Verhör noch, auf der Platte.

Der Senator Moon, er wurde übrigens später eingesperrt wegen Unterschlagung, las die englische Übersetzung eines Brecht-Gedichts vor und fragte: »Finden Sie nun, daß dieses Gedicht kommunistisch ist?«

Brecht fragte: »Darf ich es mal sehen?« und dann: »Nein! Das Gedicht habe ich nicht geschrieben!«

»Wieso, da steht doch Ihr Name.«

»Ja, das ist eine Übersetzung, das beweist gar nichts.« So hat er die Leute verhöhnt. Alle waren verlegen.

Am Abend, als alles zu Ende war, haben sie sich bei ihm für die Mitarbeit bedankt.

Am nächsten Tag wollte er nicht, wie man hier sagt, sein Glück länger hinausziehen. Es gelang ihm, auf ein polnisches Schiff zu gelangen und wegzufahren. Er wußte, bei späteren Verhören würde er so viel Glück nicht noch einmal haben.

Wir haben stets erwartet, daß auch Lion vorgeladen wurde, und verstanden nicht, daß es nicht geschah. Er wurde hier immer von den Landesbehörden ausgefragt nach allem möglichen, auch nach Dingen, die er nicht hätte beantworten müssen, weil sie gegen die Verfassung waren. So wurde er zum Beispiel gefragt, ob er an Gott glaubt. Das darf man laut Verfassung nicht fragen, denn hier sind Staat und Religion streng getrennt. Er hat alles beantwortet, weil die Leute so bedrohlich waren und er immer fürchtete, doch noch eingesperrt zu werden.[54]

Der Hauptgrund: Die Behörden mußten das sogenannte »Fifth Amendment« aussprechen, das besagt, daß niemand gezwungen werden kann, gegen sich selbst auszusagen. Die Leute stellten es aber so hin, daß, wenn jemand das »Fifth Amendment« benutzt hat, er auch seine Schuld eingestanden hat.

Wie konnte in diesem Land so etwas entstehen wie diese Verfolgung?

Das sagen Sie jetzt, bei uns ist es umgekehrt. Wir sehen jetzt erst, wie schlimm es immer schon war in diesem Land. Es ist erst seit Eisenhower besser geworden. Vorher sind hier schon schlimme Sachen passiert, mit den Indianern, mit den Schwarzen und den Armen, die kein Geld hatten, sich zu verteidigen, und denen niemand half. Daß es dann besser wurde, haben letzten Endes die Präsidenten der Demokraten bewirkt.

Man kann dem Johnson, den auch ich leider gewählt habe, alles vorwerfen, er hat schließlich Vietnam gemacht, das ihn dann zu Fall brachte. Aber er war gerecht und liberal und hat für sein Volk gesorgt. Und diese Sache mit Watergate: Ich fand so furchtbar dumm, was Nixon gemacht hat, aber nicht so schrecklich verbrecherisch.

Dieser Ihr Freispruch für Nixon überrascht mich.

Das war kein Freispruch. Aber gemessen an Vietnam fand ich das harmlos.

Aber ein Präsident, der sein Land belügt und betrügt, das ist doch etwas Unbegreifliches.

Ich weiß nicht, ob andere Präsidenten nicht auch schon ähnliches getan haben. Früher wußte man es nicht so genau.

Wie haben Sie den fernen Krieg hier in Amerika erlebt?

Man war voller Hoffnung, denn man glaubte ja, das mächtige Amerika könne etwas ausrichten gegen die Nazis. Man hatte aber auch Angst, denn man wußte, wie stark die Nazis bewaffnet waren. Man hatte auch immer wieder die Angst, Hitler könnte sich mit Stalin einigen. Das wäre ein furchtbarer Schlag, denn dann wären beide ja unbesiegbar gewesen.

Mein Mann war voller Optimismus, die meisten anderen waren sehr niedergeschlagen. Mein Mann wurde ständig aufgefordert, über das Radio geheime Aufrufe zu machen nach Deutschland. Dafür hat sich auch Heinrich Mann sehr eingesetzt. Er tat nichts ohne meinen Mann, wollte immer, daß sie beide etwas zusammen machen. Es kamen immer noch Nachrichten aus Deutschland zu uns. Unser früherer Turnlehrer zum Beispiel schrieb uns regelmäßig.

Das Kriegsende brachte – spät, aber doch – eine Befriedung für alle die Jahre, die in der Emigration verbracht werden mußten. Entstand bei Ihnen und Lion Feuchtwanger nun der Wunsch, bald nach Deutschland zurückzukehren?

Selbstverständlich. Aber wir hatten dies große Haus und die ungeheuer vielen Bücher, und das kann man nicht auf den Rücken nehmen wie eine Schnecke. Dann dachten wir daran, einen Teil des Jahres in Deutschland zu verbringen. Mein Mann würde hier, wo er alle Bücher und Unterlagen hat, arbeiten und nach Deutschland fahren, um dort wieder Fühlung zu nehmen, neue Pläne zu machen, Eindrücke zu verarbeiten. Aber es ging nicht, wir bekamen keine Ausreiseerlaubnis. Eigentlich waren wir mit dem Ende des Krieges nicht mehr staatenlos, denn jeder, dem die Staatsangehörigkeit von Hitler abgesprochen worden war, wurde automatisch wieder Deutscher.

Komischerweise dachte aber niemand daran, uns deutsche Pässe zu geben. Mein Mann kümmerte sich nicht darum, er gab nichts auf solche Sachen.

Mit welchen Erwartungen sahen Sie damals, 1945, einem anderen, einem neuen Deutschland entgegen?

Wir alle waren noch sehr skeptisch. Nach dem, was man hörte, hatte man den Eindruck, als ob der größte Teil des Volkes aus Nazis bestand. Von Anti-Nazis hatten wir kaum gehört. Ob sich das alles plötzlich ändern könnte?

Nach dem Krieg erfuhren wir vom Propst Grüber in Berlin, der mit den Juden ins Konzentrationslager gegangen war und dort mißhandelt wurde. Von Niemöller und den anderen. Allmählich schöpfte man Hoffnung, aber es dauerte. Damals hatte man Deutschland ziemlich aufgegeben.

Hofften Sie, Deutschland würde eine Staatsform finden, einen demokratischen Inhalt sozialistischer Art?

Die Österreicher glaubten nicht so sehr daran, sie waren zu sehr gegen das preußische Deutschland eingestellt. Wir, die Reichsdeutschen, sahen da eher eine Zukunft. Wir glaubten nur nicht, daß es schnell gehen würde. Den Adenauer hat man zunächst nicht willkommen geheißen, weil er den separaten Rheinbund wollte. Er war schließlich die ganze Zeit über in Deutschland geblieben. Wir waren mißtrauisch. Wir hörten dann, er sei eine Zeitlang in Haft gewesen. Ob man nun für ihn oder gegen ihn war – man muß sagen, er hat die Sache sehr geschickt gemacht. Verständigte sich sofort mit den Amerikanern, nicht mit Franzosen oder Engländern, und hat dadurch viel Hilfe für Deutschland erreicht.

Wie sahen Sie die Entwicklung im anderen Teil Deutschlands, in der sowjetisch besetzten Zone, die dann eine eigene Staatsform als »Deutsche Demokratische Republik« bekam?

Das hat man damals nicht so gewußt. Man wußte, daß Deutschland von vier Mächten besetzt worden war, und dachte, das wird nicht ewig dauern. Man dachte an den Ersten Weltkrieg, wo das Rheinland und Oberschlesien besetzt waren. Viel wichtiger als das Deutsche Reich waren die deutschen Menschen. Ob und wie können die sich ändern? Wie standen die Kinder zu ihren Eltern? Es muß doch furchtbar gewesen sein, wenn Kinder manchmal die eigenen Eltern angezeigt haben, weil sie durch die Hitlerjugend so verdorben waren. Immer hörten wir nur furchtbare Dinge, und es hat sehr lange gedauert, bis man sich vorstellen konnte, daß es bald gut werden könnte. Es brauchte eben eine lange Zeit des Übergangs.

Nach dem Tode meines Mannes[55] wurde ich Amerikanerin und hätte nach Deutschland fahren können. Ich konnte mich aber nicht entschließen, hatte Angst. Für mich war es ein Alpdruck, an Deutschland zu denken.

Ich schrieb an Willy Brandt, Bürgermeister von Berlin, weil die Gustav-Mahler-Straße, unsere Straße im Grunewald, umbenannt wurde in Max-Reger-Straße. Ich schrieb, ich hätte nichts gegen Max Reger, er war ein sehr guter Musiker, aber es sei doch ungerecht, die Straße umzubenennen. Die Witwe von Gustav Mahler, die Alma Werfel, schrieb ich, würde jetzt 80 Jahre, und es wäre doch eine schöne Geste, diese Straße wieder Gustav-Mahler-Straße zu nennen. Ich schrieb dann noch: »Ich weiß, daß es Schwierigkeiten gibt mit anderen Anwohnern, wenn diese winzig kleine Straße im Grundbuch noch ein drittes Mal einen neuen Namen bekommt, aber schließlich wird Berlin ja aufgebaut, und es gibt sicher neue Straßen und Plätze für Max Reger.«

Willy Brandt schrieb begeistert zurück: »Ich halte das für eine großartige Idee, werde es unterstützen und den einschlägigen Kommissionen übergeben.«

Die einschlägige Kommission erklärte, sie könnte auch eine neue Straße nicht nach Mahler benennen, denn es gäbe bereits eine solche Straße in Ostdeutschland.

Ich schrieb zurück: »Wenn Sie glauben, daß ich mich damit abfinde, dann kennen Sie mich nicht!«

Ich erhielt keine Antwort mehr.

Wieder in Deutschland

In Berlin sah ich plötzlich das Schild »Gustav-Mahler-Straße«. Ich hab's also durchgesetzt, weiß aber nicht, ob Alma Mahler es noch erlebte, ich glaube, damals war sie schon tot.

Ja, ich fuhr nach Deutschland. Und ich hatte Angst, bis ich in Frankfurt aus dem Flugzeug stieg.

In Mainz hat der Oberbürgermeister Jockel Fuchs mich so wunderbar empfangen und verwöhnt. Eine herzliche Stimmung, ich spürte gar keinen Übergang. Die Rheinländer, sagte man, seien immer sehr skeptisch gewesen und nie so für Hitler. Jockel Fuchs sagte, er hätte mich eingeladen, weil Lion als erster gespendet hat für den Wiederaufbau des Gutenberg-Museums. Davon wußte ich nichts, Lion hatte es mir nicht gesagt. Dafür wurde ich nun ausgezeichnet.

Ich fuhr dann nach Berlin. Der Regierende Bürgermeister empfing mich sehr herzlich und stellte mir einen Musiker zur Verfügung, der eine Biographie über Schönberg verfaßt hatte. Herr Brandt wußte, daß wir mit Schönberg befreundet waren.

Ich war da wieder in einem Kreis – auch Propst Grüber war da, der nie etwas mit den Nazis zu tun gehabt hatte, und dadurch wurde mir der Übergang leichter. Ich wohnte in der Akademie. Dr. Huder bat mich, die Eröffnung des Feuchtwanger-Archivs und der Ausstellung zu übernehmen. Ich las alle Zeitungen und fragte mich dann, wie es wohl in der Provinz aussehen mag.

Auch da wollte ich mich umsehen und fuhr nach Feuchtwangen. Überall fand ich dort, daß die Nazis gründlich verachtet wurden. In Feuchtwangen wurde dann die Tafel aufgehängt, darauf wird die Stadtgeschichte geschildert. Die Grafen von Feuchtwangen sind früher Malteser-Ritter gewesen. Auf der anderen Seite der Tafel stand: »Im Jahre 1555 verließen die Ahnen des Schriftstellers Lion Feuchtwanger die Stadt.«

Überall wurden nette Empfänge gegeben, und ich sah nur die besten Seiten. In München war am St.-Anna-Platz eine Tafel angeschlagen: »In diesem Haus wohnte Lion Feuchtwanger.«

Sie erzählten, die Familie Ihres Mannes in München sei eine streng orthodox eingestellte jüdische Familie gewesen. Wie war es in Ihrer eigenen Familie, woher stammte sie?

Das ist sehr merkwürdig. Meine Familie stammte auch aus Feuchtwangen und hieß »Feuchtwang«. Ein berühmter Rabbiner in Wien hieß Dr. David Feuchtwang. Dessen Sohn heiratete die Tochter von einem Feuchtwanger. Als wir herausbekamen, daß ich auch von dieser Familie abstamme, habe ich immer gesagt: »Ich bin der Komparativ meines Mannes«, denn ich hieße Feuchtwang und er Feuchtwanger, also wurde ich zum Komparativ.

Als wir heirateten, erfuhr ich, daß mein Großvater ein Waisenkind mit dem Namen Feuchtwang war. Das war eine Gruppe, die sich von Fürth abspaltete, in einen kleinen Ort bei Bamberg zog und später nach München. Dieser Knabe, mein Großvater, wurde von seiner Tante adoptiert, die einen Mann namens Reitlinger heiratete, und so hieß mein Großvater (und meine Großmutter) Reitlinger. Also stammen wir alle aus einer Familie von Feuchtwangen.

War zu jener Zeit das jüdische Bürgertum orthodox eingestellt?

In München nicht. Die Orthodoxen waren mehr in der Gegend um Breslau, nach Osten zu. Je weiter westlich, um so weniger orthodox waren sie im allgemeinen.

Die große Gemeinde in München bestand aus sogenannten reformierten Familien. Sie nannten ihr Bethaus nicht Tempel, sondern Synagoge. Sie mußten einen Rabbiner aus Breslau kommen lassen, weil sie keinen reformierten Rabbiner in München fanden.

Die Feuchtwanger hatten ursprünglich die Synagoge gebaut und zahlten für den Rabbiner. Am Sabbath durfte man dort kein Instrument spielen, nur singen im Chor. In der Synagoge, in der ich aufwuchs, gab es eine wunderbare Orgel und einen Kantor, der ein berühmter Sänger war.

Sind Sie selbst heute noch gläubig?

Nein, gar nicht. Aber ich bin jüdisch – bewußt. Mein Mann sagte immer, er ist ein deutscher Schriftsteller, sein Herz schlägt jüdisch, sein Verstand kosmopolitisch, also international.

Was heißt es für Sie, nicht zu glauben? Hat es Einfluß auf Ihre Gedanken über das Altwerden, über den Tod?

Ich weiß halt, daß es das Ende ist. Damit muß man sich abfinden.

Ein Ende, keine Fortsetzung?

Nein. Es ist komisch, daß in der jüdischen Religion so wenig vom Jenseits die Rede ist oder von Wiederauferstehung. Es ist auch sehr wenig vom Teufel die Rede. Offenbar liegt das an der Mentalität. Ich habe ganz selten fromme Juden gehört, die etwas vom Jenseits gesprochen hätten.

Es ist ganz anders? Diese christlichen Ingredienzen, die durch den Katholizismus hereingekommen sind in die Glaubenslehre, die sind nicht vorhanden?

Nein. Eigentlich ist ja die christliche Lehre letzten Endes über den Buddhismus entstanden, und zwar auf dem Umweg über den Buddhismus aus der Bibel. Starke Einschläge der Armut von Buddha. Auch Christus hat die Armut gepredigt.

Sie sind mit Würde, mit sehr viel Elastizität und immerwährendem Engagement alt geworden. Haben Sie selbst Angst vor dem Tod?

Nein, eigentlich Angst hab ich keine, aber ich bedauere, daß es zu Ende ist. Denn ich hab das Gefühl, ich könnt noch so viel tun und möcht noch so viel tun, und das wird dann halt nicht mehr gehen. Es muß furchtbar sein, alt zu werden und gebrechlich und von anderen abhängig zu sein.

Wenden wir uns nun noch einigen Grundfragen zu. Was bedeuten Kultur und Zivilisation? Was ist Kunst? Wie haben die Begriffe sich für Sie gewandelt?

Vieles hat sich da in den Jahren nach dem Ersten Weltkrieg gewandelt. Es hat schon damals angefangen, daß Kunst einen Sinn haben muß, daß sie mehr ist als nur das Schöne und Gute. Das hat sich bei meinem Mann gezeigt. Vor dem Ersten Weltkrieg war er, wie man sagte, »l'art pour l'art«, lehnte alles Politische ab und meinte: »Die da oben tun das, die werden es schon besser verstehen als ich. Der Künstler ist nur dazu da, Dichtung und Kunst zu wahren.« Später fand er, dies sei zu wenig. Dichter, Schriftsteller und Künstler müßten ihre Begabung für die Verbesserung des menschlichen Lebens verwenden.

Kann Kunst etwas verändern?

Das will ich nicht behaupten, aber sie muß es versuchen. Auch wenn die Wirkung enttäuscht. Irgend etwas bleibt vielleicht.

Wäre es denkbar, daß Kunst in allen ihren Erscheinungsformen in der Lage ist, eine Klimaveränderung zu schaffen, so daß neue Ideen besser aufgenommen werden können?

Nicht plötzlich, glaube ich. Aber es wirkt nach, durch die Schulen, durch den Film, durch das Buch. Es ist wie bei der Echternacher Prozession: zwei Schritte vor, einer zurück. Aber ein Schritt ist da.

Sie glauben an einen Fortschritt?

Ich glaube an den Fortschritt, angesteckt von meinem Mann.

Der Film wurde einmal als die »demokratischste«, die Volkskunstform bezeichnet.

Der Film ist zur Industrie geworden. Seine kulturelle Wirkung ist dadurch sehr beschränkt, aber sie ist vorhanden. Ich sehe ein, daß die Industrie notwendig ist, denn wie sollte Kultur sonst finanziert werden? Ich bin in dieser Hinsicht vielleicht etwas zu nachsichtig.

Ist Ihre Einstellung dem Fernsehen gegenüber eine ähnliche?

Ich kenne nur das amerikanische Fernsehen und kann nur danach urteilen. Auch da ist es ähnlich wie bei der Echternacher Prozession. Ganz selten, daß man etwas Erfreuliches sieht – dann ist es aber meistens wirklich gut. Zufällig habe ich das Glück, die Leute zu kennen, die sehr Gutes geschaffen haben. Im allgemeinen sind die Nachrichten im Fernsehen sehr gut. Heute Nacht, da ich wieder nicht schlafen konnte, hörte ich den Rex Stout und bin immer wieder überrascht, was sich die Leute trauen und wie rebellisch sie sind. Und dann ist es auch wieder ein gutes Zeichen für Amerika, daß die Leute jetzt so sprechen können. Sie haben es immer gekonnt, aber früher hat man sie dann verfolgt, totgeschwiegen, man hat sie kleingemacht oder als Verbrecher bezeichnet. Heute trauen sich die Leute, viel mehr zu sagen.

Datieren Sie auch diese Entwicklung mit den Präsidenten der Demokraten?

Ja, aber auch mit der Jugend. In den fünfziger Jahren waren die jungen Leute fatalistisch, unlebendig, verschlafen. Sie haben nichts getan. Da war nur die tiefe Angst vor der Atombombe – nicht nur in den Ländern, wo sie gefallen ist –, auch hier. Die Jugend sagte: »Was sollen wir da tun, wir werden ja doch alle mal untergehen in einem solchen Holocaust.« Dann kamen die sechziger Jahre, und plötzlich rebellierten die Menschen. Dann die Aufstände der Schwarzen und, so bedauerlich das war, die Zerstörungen. Man sah, daß da Menschen waren, die sich rührten, etwas erreichen wollten. Ich fand es gut, daß Organisationen gegründet wurden, welche die Nazis verteidigten. Jeder sollte das Recht haben, seine Meinung zu äußern. Ich war durchaus dafür und hatte deshalb heftige Zusammenstöße mit Juden. Sie sagten, man müsse es unter allen Umständen unterbinden. Wir, die wir Flüchtlinge waren, hatten aber allen Grund, dafür zu sein, daß es wieder Gerechtigkeit gab. Wir hätten ja zum Beispiel auch ausgeliefert werden können an die Nazis. Ich finde, man muß jeden Flüchtling schützen, selbst wenn einzelne Menschen dadurch unverdientermaßen begnadigt oder nicht bestraft werden – so ist die Idee der Welt, und das ist sehr wichtig. Und die Idee in der Welt hilft dazu, die Menschen nachdenklich zu machen.

Ein Wort zum Thema Bücher und Büchersammeln. Ihre Bibliothek in der Villa Aurora umfaßt etwa 35 000 Bände. Inzwischen ist sie in den Besitz der Universität übergegangen.

Schon 1960 habe ich die Bibliothek der Universität übergeben. Jetzt auch den literarischen Nachlaß, den Herr Professor vom Hofe verwaltet, weil niemand da ist, der das machen könnte, und ich dadurch weiß, daß er in guten Händen ist.[55]

Dieses hier ist die dritte Bibliothek Feuchtwangers. Die erste stand in Berlin, die zweite in Frankreich. Die Bibliothek in Frankreich blieb zurück, die in Berlin wurde von den Nazis zerstört beziehungsweise beschlagnahmt?

Beschlagnahmt, ja. Zerstört, verbrannt wurden nur die Bücher, die mein Mann geschrieben hatte. Mit den anderen Büchern haben sie Geld gemacht für Waffen.

Wie sind Feuchtwangers Bibliotheken entstanden?

Zunächst schrieb er ja viele historische Bücher. Dazu brauchte er ständig Unterlagen, Nachforschungen. Immer mußte er in Bibliotheken gehen und hielt das für Zeitverschwendung.

In Berlin-Grunewald wohnten wir ziemlich weit weg von der Bibliothek, und er mußte immer hin- und herfahren. Außerdem waren oft Bücher, die er brauchte, gerade verliehen. So dachte er, wie wäre es, wenn man die Bücher einfach kaufte, dann sind sie immer da. Deshalb hat er sich Bücher angeschafft. Und da hat ihn der Floh gebissen, wie der Volksmund sagt. Als er die schönen Bücher sah, die seltenen Erstausgaben mit ihren Holzschnitten und Stahlstichen, kam die Sammelleidenschaft über ihn.

Ohne ans Geld zu denken, kaufte er viele kostbare Bücher. Einmal sagte ich zu ihm: »Du hast wohl vergessen, daß die meisten Schriftsteller im Armenhaus enden?« Auf ihn hat es nicht gewirkt, er kaufte weiter wertvolle Bücher und freute sich daran.

Sobald hier in Kalifornien ein neues Buch hereinkam, wurde es sofort in die Kartothek aufgenommen, ins Namensregister. Beim großen Waldbrand in der Gegend hat die Universität die gesamte Bibliothek evakuiert. Dann hat man beim Einräumen einen neuen Katalog gemacht. Vier Monate dauerte es, bis ich alles wieder untergebracht hatte.

Erzählen Sie von den schönsten Stücken der Bibliothek.

Da sind vor allem die 17 Inkunabeln. Die »Nürnberger Chronik« zum Beispiel, der große Band mit den Holzschnitten von Michael Wohlgemut. Das war der Lehrer Albrecht Dürers, der an den Holzschnitten mitarbeitete. Dann sind da noch verschiedene nicht illustrierte Ausgaben von »Josephus«. Dann ein Manuskript von Papst Innozenz III., der im 12. Jahrhundert lebte und über Josephus schrieb. Da sind also einige der Inkunabeln, mit denen man sich gern brüstet.

Und dann ist da die vollständige Ausgabe von Goethes »Letzter Hand«. Es gibt sie nicht mehr, denn als Faust II das erste Mal erschien, wußten die Geschäftsleute, daß Goethes »Letzte Hand« sehr gesucht ist. So haben sie den Faust herausgenommen und extra verkauft, so daß sie zweimal den großen Schnitt machten.

Was vor allem den Amerikanern so imponiert, ist die gesamte Ausgabe von »Moniteurs de Paris«, der Zeitung der Revolution. Von 1792 bis 1814 sind jeden Tag vier Seiten erschienen. Über die Außenpolitik verschiedener Länder, über Lebensmittelpreise, die Theaterzettel. Da ist auch die »Commission nationale«, der Landtag der französischen Regierung, wo die großen Prozesse stattfanden. Da war erst Robespierre Präsident, er verurteilte seinen Freund Danton zum Tode und wurde zwei Monate später selbst zum Tode verurteilt. In diesen Bänden ist das alles enthalten.

Ich habe es nie gesucht, es kam zu mir

Zurück zu Ihnen und Ihrem Leben. Was bedeutet Ihnen Glück?

Das ist mir zu abstrakt.

Waren Sie glücklich?

Am glücklichsten war ich, wie wir ganz ohne Geld durch Italien gezogen sind, zu Fuß, und nachts in den Weinbergen geschlafen haben und nicht wußten, was uns der nächste Tag bringt.

Es ist ja die Frage, ob man für sich im Leben Glück erhofft oder ob man der Auffassung ist, daß man sich »höheren Dingen« unterordnen soll.

Ich muß gestehen, darüber denke ich nicht viel nach. Ich lebe so in den Tag hinein und habe eigentlich nur sehr wenig Philosophie für mich selber.

In den Tag hineinleben – das finde ich bei Ihnen gar nicht. Wenn man Ihr Leben betrachtet, ist es ein sehr erfülltes, ein sehr glückliches Leben gewesen.

Ja, aber ich habe es nie gesucht, es kam zu mir. Im wesentlichen vermeide ich es, über mich nachzudenken, über mein Schicksal und so. Ich beschäftige mich nur mit dem, was ich zu tun hab, und was ich finde, was ich tun kann und noch tun muß. Ich schaue im allgemeinen auch nicht zurück.

Sie sagen, »daß ich noch etwas tun muß« – gibt es etwas, was Sie immer tun wollten und noch nicht getan haben?

Reisen ist mir das Liebste, aber ich komme nicht dazu, weil ich zu viel anderes zu tun habe, zuviel Verantwortung – durch die Bibliothek, durch die Verwaltung der literarischen Hinterlassenschaft. Das ist meine Aufgabe. Am liebsten würde ich große Touren machen, spazierengehen, im Garten arbeiten und ein beschauliches Leben führen. Es ist nie dazu gekommen. Ich sage immer, wenn ich mal alt werde, werde ich das tun.

Sie sind eine sehr schöne Mischung aus einem Menschen, der der Natur zugewandt ist, und einem, der viel mit »Geist« und geistvollen Dingen zu tun hat. Sie selbst sehen sich aber gern als den Naturmenschen?

Meine schönsten Stunden habe ich verlebt, wenn ich Ski gelaufen bin oder weit hinaus geschwommen oder einen Berg bestiegen habe, bei dem es schwer war, wieder runterzukommen.

In Kuba bin ich mal auf einen hohen Turm gestiegen. Ich dachte, es wäre schön, da runterzuspringen. Ganz oben ging ich aufs Trittbrett. Es war sehr schmal und ging furchtbar weit hinaus, weil man sonst am Fuß des Turms angestoßen wäre. Dann hat das so gewippt, und das Meer unten hat geflirrt, und ich wollte zurückgehen, aber hab mich nicht umdrehen können, das Brett war zu schmal. Da bin ich dann gesprungen, um mich zu retten, sonst wäre ich runtergefallen.

Wie hoch war das denn?

Sehr hoch, mehr als vier Hausstockwerke, glaube ich. Im letzten Moment hab ich überlegt, was mein Schwimmlehrer im Wellenbad Berlin mir beigebracht hatte beim Kunstspringen, daß man den Kopf hineintauchen soll, ja nicht nach hinten kippen, weil man sonst auf den Bauch fällt und zerplatzt.

Es war ein sehr schöner Augenblick der Gefahr. Und die Leute versammelten sich am Strand, das merkte ich nicht, und sagten, wie kann man nur so etwas tun. Da war gerade ein Gewitter, und die Leute sagten, man darf nicht in der Nähe des Turms sein, denn da schlägt der Blitz ein. Kurz und gut, ich war einer großen Gefahr entronnen, ohne es richtig zu wissen, wie der »Reiter über dem Bodensee«, nicht?

Anhang

Anmerkungen zum Gespräch

1 1909 begegnet Lion Feuchtwanger der neunzehnjährigen Marta Löffler, einem bildhübschen Mädchen aus bayerisch-jüdischer Kaufmannsfamilie.

2 Lion Feuchtwanger litt sehr unter dem schweren Konflikt mit dem Vater Siegmund, Eigentümer der Margarinefabrik »Saphir-Werke« in München.

3 Gedicht »An Marta Gabler« – ein Wortspiel mit Martas Geburtsnamen Löffler.

4 Lion Feuchtwanger hatte in München und ab 1905 in Berlin deutsche Philologie, Geschichte und Philosophie studiert und war 1907 mit einer Arbeit über Heinrich Heines »Rabbi von Bacharach« zum Dr. phil. promoviert worden. Seine Habilitationsschrift »Die Anfänge des deutschen Journalismus« beendete er nicht, wandte sich statt dessen dem Metier des freien Theaterkritikers zu. Im Frühjahr 1908 gründete er die Zeitschrift »Der Spiegel – Blätter für Literatur, Musik und Bühne«, mußte jedoch nach 15 Nummern aufgeben und sein Blatt mit der »Schaubühne« (Herausgeber Siegfried Jacobsohn) fusionieren. Fortan berichtete Lion Feuchtwanger in der »Schaubühne« regelmäßig aus der Münchener Theaterwelt. Im April 1918 wurde das Blatt umbenannt in »Weltbühne – Wochenschrift für Politik, Kunst, Wirtschaft«. Neben Feuchtwanger schrieben hier Kurt Tucholsky, Carl von Ossietzky, Egon Erwin Kisch, Ernst Toller, Walter Hasenclever, Axel Eggebrecht und andere.

5 Die Tochter mit Namen Maria ist schon nach wenigen Wochen, tief betrauert, gestorben. Sie liegt begraben in Pietra Ligure, italienische Riviera.
Am 10. Mai 1912 heirateten Marta und Lion Feuchtwanger in Überlingen/Bodensee und reisten anschließend in die Schweiz, wo das Kind zur Welt kommen sollte.

6 Zwei Jahre lang stromern die jungen Eheleute – stets in Geldnöten – durch Europa: Florenz, Rom, Neapel, Ischia, Capri, Kalabrien, Sizilien. In Tunis wird Lion Feuchtwanger am 2. August 1914 verhaftet. Beide können per Schiff fliehen und treffen im September 1914 in München ein.

7 Lion Feuchtwanger hatte »Jud Süß« 1921 begonnen und innerhalb von dreizehn Monaten beendet. Das Manuskript schrieb er mit der Hand. Marta tippte nachts das am Tag Geschriebene in die Maschine. Zwei Jahre fand sich kein Verleger. Der Industrielle Aschenbach suchte für seinen »Volksverband der Bücherfreunde« attraktive Manuskripte. In seinem Auftrag schrieb Feuchtwanger »Die häßliche Herzogin«. »Jud Süß« erschien später in kleiner Auflage im Drei-Masken-Verlag. Der internationale Durchbruch kam mit der amerikanischen Ausgabe unter dem Titel »Power«.

8 Dieser historische Roman, erschienen 1923, handelt vom Schicksal Margaretes von Tirol im 14. Jahrhundert, die nach dem Scheitern ihrer politischen Pläne, durch Häßlichkeit vereinsamt, pathologischer Freßsucht verfällt.

9 Inflation in Deutschland. »Wie die Fieberkurve eines Schwerkranken zeigt der Dollarstand täglich den Fortschritt unseres Verfalls an«, schrieb im November 1922 der Diplomat Harry Graf Kessler. Bei der Währungsstabilisierung im November 1923 entsprach einer Goldmark der Gegenwert von einer Billion Papiermark.

10 9. November 1923. Adolf Hitler marschierte, zusammen mit General Ludendorff, an der Spitze der SA zur Münchener Feldherrnhalle. Sein Putsch brach unter den Gewehrsalven der Reichswehr und der Landespolizei zusammen. Hitler wurde zu Festungshaft verurteilt und schrieb dort »Mein Kampf«.

11 Der Schriftsteller und Politiker Kurt Eisner (1867–1919) rief als Führer der Unabhängigen Sozialdemokraten am 7. November 1918 in München die Republik aus und wurde Ministerpräsident des Volksstaates Bayern. Nachdem die angekündigten Wahlen im Januar 1919 eine bürgerliche

Mehrheit ergeben hatten, wurde Eisner auf dem Weg zur Eröffnung des Landtages, wo er seinen Rücktritt erklären wollte, am 21. Februar von Graf Arco-Valley erschossen. Seine Ermordung war das Signal für die Ausrufung der Räterepublik.

12 Richard Nikolaus von Coudenhove-Kalergi gründete 1923 die »Paneuropa-Bewegung«.

13 Johannes R. Becher (1891–1958), unter anderem 1934 Redakteur der deutschen Ausgabe von »Internationale Literatur«, Zentralorgan der Internationalen Vereinigung Revolutionärer Schriftsteller, Moskau.

14 Ernst Toller (1893–1939) schrieb unter anderem zusammen mit Erich Mühsam, Erika und Klaus Mann im Exil Texte für »The Pepper Mill«, Januar 1937 in New York. Sein Stück »No More Peace« wurde im Februar 1938 im Maxine-Elliott-Theater aufgeführt. Nach Ende des Ersten Weltkrieges wurde Toller Vorstandsmitglied des Zentralrates der Arbeiter-, Bauern- und Soldatenräte Bayerns und 1919 zu Festungshaft verurteilt. In der Haft schrieb er Dramen und Lyrik: »Masse Mensch« (1921), »Gedichte der Gefangenen« (1921), »Die Maschinenstürmer« (1922), »Der deutsche Hinkemann« (1923), »Der entfesselte Wotan« (1923), »Das Schwalbenbuch« (1924). Ernst Toller vereinsamte im Exil völlig und erhängte sich am 22. Mai 1939 in seinem New Yorker Hotelzimmer.

15 Bruno Frank (1887–1945) wurde bekannt mit »Trenck – Roman eines Günstlings«, der 1926 im Berliner Rowohlt-Verlag erschien. Sein Drama »Sturm im Wasserglas« entstand 1939.

16 1935 wird in London die englische Verfilmung »Jew Süß« mit Conrad Veidt in der Titelrolle uraufgeführt. Regie: Lothar Mendes.

17 Leopold Jessner übernahm 1919 die Intendanz des Staatstheaters (des früheren Königlichen Theaters) und dazu das Schiller-Theater in Berlin-Charlottenburg. Jessner brachte den Expressionismus auf das Theater Berlins.

18 Oscar Homolka, geboren 1901, Schauspieler. »Sprachlich nicht immer präzise, faszinierte er durch bedrohliche Wucht und gefährliche Hintergründigkeit.«

19 Otto Falckenberg (1873–1947), Regisseur und Theaterleiter. War 1913 Regisseur unter Erich Ziegel an den Münchener Kammerspielen. Ein Förderer zeitgenössischer Dramatik. Leitete 1922 die Uraufführung von Brechts »Trommeln in der Nacht«.

20 Caspar Neher (1897–1962) war schon als Schüler mit Brecht befreundet, der ihn »den größten Bühnenbauer unserer Zeit« nannte.

21 Herbert Ihering gehörte mit seinem Antipoden Alfred Kerr, mit Siegfried Jacobsohn und Alfred Polgar zu den mächtigen Kritikern des Theaters der »goldenen« zwanziger Jahre.

22 Arnolt Bronnen (1895–1959), ein Schriftsteller mit wechselnden politischen Richtungen. Schrieb »Tage mit Brecht – Die Geschichte einer unvollendeten Freundschaft«.

23 Frank Wedekind (1864–1918), Theatersekretär, Regisseur, Schauspieler in München seit 1898, Hausdichter des »Simplicissimus«, Bänkelsänger bei den »Elf Scharfrichtern« (ab 1901). Schrieb die dramatische Dichtung »Lulu«. Deren 1. Teil »Der Erdgeist« wurde 1898 in Leipzig uraufgeführt. Der 2. Teil »Die Büchse der Pandora« erschien 1904. Wedekinds Ruhm begründete »Frühlings Erwachen«, Erstaufführung unter der Regie von Max Reinhardt am 20. November 1906 in den Berliner Kammerspielen.

24 Erich Mühsam (1878–1934), sozialistischer Dichter und Politiker. 1911–1914 Herausgeber von »Kain – Zeitschrift für Menschlichkeit«. Mitglied der Münchener Räteregierung 1919. Bekannt wurde er unter anderem mit seinen Gedichten »Wüste, Krater, Wolken«, seit 1904.

25 Bertolt Brechts (1898–1956) früher Ruhm und die lange Freundschaft mit Lion Feuchtwanger begannen mit der Uraufführung von »Trommeln in der Nacht« in den Münchener Kammerspielen am 28. September 1922. Brechts »Entdeckung« wird markiert durch Herbert Iherings Bespre-

chung am 5. Oktober im »Berliner Börsen-Courier«. Der Kritiker verlieh ihm noch im selben Jahr den Kleist-Preis. Während seiner Arbeit am »Baal«, 1918–1920, gehörte Brecht zur Münchener Bohème und wirkte an Trude Hesterbergs »Wilder Bühne« und Karl Valentins Theater mit.

26 Sinclair Lewis (1885–1951), seit 1915 freier Schriftsteller, Nobelpreis 1930. »Babbitt« ist sein satirischer Roman über den amerikanischen Spießbürger (1922).

27 Nach der Tragödie »Edward II.« des englischen Dramatikers Christopher Marlowe (1564–1593), der als Wegbereiter Shakespeares gilt.

28 Im Verlauf seiner Vortragsreise durch die USA (ab 1932) wurde Feuchtwanger vom nationalsozialistischen Umsturz überrascht. In Abwesenheit bürgerte man ihn aus; die Universität München erkannte ihm den Doktortitel ab, seine Bücher wurden verbrannt.

29 1925 zogen die Feuchtwangers von München nach Berlin. Dort schrieb Lion zwei Romane und zahlreiche Kurzgeschichten. Reisen führten den wohlhabend und berühmt Gewordenen nach Italien, Frankreich, Spanien, England, Skandinavien und in die USA. Er konnte Marta einen Buick schenken. Er traf unter anderem Sinclair Lewis, Theodore Dreiser und Paul Valéry. 1932 bezog er voller Optimismus sein neues Haus im Grunewald, Mahlerstraße 8.

30 Von 1933 bis 1940 leben die Feuchtwangers in Sanary-sur-Mer, Südfrankreich. Ein kleines Fischerdorf westlich von Toulon. Ihr erstes Domizil war die Villa »Lazare«, das zweite die größere Villa »Valmer«, wo wieder eine umfangreiche Bibliothek entstand. Hier diktierte Feuchtwanger seiner Sekretärin Lola Sernau unter anderem »Die Geschwister Oppermann«.

31 Der Elsässer René Schickele (1881–1940) gehörte zu den Wortführern der expressionistischen Generation. Er schrieb Dramen wie »Hans im Schnakenloch« (1915), Romane und Erzählungen. Bekannt wurde er mit der Romantrilogie »Das Erbe am Rhein« (1925–1931).

32 Aldous (Leonard) Huxley (1894–1963) aus der berühmten englischen Gelehrtenfamilie in Godalming/Surrey. Zu-

nächst Journalist und Kritiker, dann freier Schriftsteller. Lebte seit 1937 in Kalifornien.

33 Alfred Kerr (A. Kempner) (1867–1948), deutscher Theaterkritiker mit bedeutendem Einfluß auf das Berliner Theaterleben. Förderte das naturalistische Drama. Einer der profiliertesten Kritiker der »Freien Bühne« und späteren »Neuen Rundschau«, seit 1900 auch am Berliner »Tag«.

34 Der englische Schriftsteller ungarischer Herkunft Arthur Koestler, geboren 1905, setzte sich vor allem mit den Problemen des Totalitarismus auseinander.

35 Arnold Zweig (1887–1968) ist der jüngere Bruder Stefan Zweigs. Bekannt wurden seine Romane »Das Spiel vom Herrn und dem Jockel« (1938), »Napoleon in Jaffa« (1939) und »Westlandsaga« (1952).

36 Bei Aix-en-Provence, 80 Kilometer entfernt von Marseille. Lion Feuchtwanger wurde dort Ende September 1939 eingeliefert, wieder freigelassen und erneut inhaftiert. Über diese Zeit berichtet er in »Unholdes Frankreich« (1942).

37 Von 1940 bis 1944 war Marschall Pétain französischer Staatschef des unbesetzten Frankreich in Vichy; er arbeitete mit der deutschen Besatzungsmacht zusammen.

38 Die allgemeine Lagerkrankheit Dysenterie.

39 Der amerikanische Vizekonsul in Marseille, Hiram Bingham.

40 Nach dem August 1940 organisierte der Altphilologe Varian Fry von Frankreich aus praktisch im Alleingang die Flucht von 2000 Verfolgten, darunter Marc Chagall, André Breton, Marcel Duchamps und andere ausgewählte Prominente. Fry handelte im Auftrag eines privaten Hilfskomitees, das mit Washingtons harter Einwanderungs- und Asylpolitik nicht einverstanden war. Mit Frys Hilfe überquerten auch Heinrich Mann, Franz Werfel und Alma Mahler-Werfel die Pyrenäen nach Spanien.

41 Aus Lions Brief an die Sekretärin Lola Humm-Sernau vom 30. Juni 1940: »Ich habe in letzter Zeit vielerlei erlebt, darunter ein paar Stunden ernstlicher Todesgefahr...«

42 Franz Werfel (1890–1945), deutscher Schriftsteller.

43 Von Sanary-sur-Mer aus unternahm Feuchtwanger 1936 eine Reise in die Sowjetunion. Die Zeitschrift »Das Wort«, deren Mitherausgeber er war, existierte in Moskau von 1936 bis 1939.

44 »Exil«, der dritte Band der Josephus-Trilogie, erschien 1940.

45 Im Herbst 1942 kommt Feuchtwanger in New York an. Wenig später trifft Marta ein. Wegen des Klimas ziehen sie nach Kalifornien. 1943 entdeckt Marta die »Villa Aurora«, 520 Paseo Miramar, in Pacific Palisades, einem Vorort von Los Angeles. Häufige Gäste hier sind unter anderem Thomas Mann mit Frau Katja, Ludwig Marcuse, Charlie Chaplin, Ingrid Bergman, Charles Laughton, Bert Brecht.

46 Die Mehrzahl der im Exil Lebenden hatte mit erheblichen Kommunikations- und Anpassungsproblemen zu kämpfen. Nicht alle waren dem gewachsen.

47 »Unholdes Frankreich« (1942). 1954 unter dem Titel »Der Teufel in Frankreich«.

48 Die Zusammenarbeit Brecht/Feuchtwanger in den Jahren 1941/42.

49 Hanns Eisler (1898–1962), deutscher Komponist, schrieb Filmmusiken.

50 Was später »McCarthyismus« genannt wurde, fand vor mehreren Gremien statt, unter anderem dem »House Committee on Un American Activities« oder »Dies Committee« (1938), dem bis 1944 der Abgeordnete Martin Dies vorstand. Der Ausschuß unterschied zwischen aussagewilligen »friendly witnesses« und verbockten »unfriendly witnesses«. Die zentrale Frage, in Anlehnung an eine bekannte Quizsendung auch die »64-Dollar-Question« genannt, lautete: »Are you now or have you ever been a member of the Communist Party?« – Albert Maltz, Dalton Trumbo, Ring Lardner jr. und sieben andere Drehbuchautoren, Produzenten und Regisseure zogen es vor, diese Frage nicht zu beantworten. Als »Hollywood-Ten« wurden sie wegen Aussagever-

weigerung (Contempt of Congress) und kommunistischer Tätigkeit zu Gefängnisstrafen verurteilt.

51 Manche Fernsehautoren arbeiteten mit Strohmännern und unter Pseudonymen. Ein gewisser »Robert Rich« erhielt 1957 einen Oscar für das Drehbuch zu »The Brave One«. Der Preis wurde nie abgeholt.

52 William (Wilhelm) Dieterle drehte unter anderem 1935 den US-Film »Louis Pasteur« und 1937 »Das Leben Zolas«. 1961 war Dieterle Intendant der Hersfelder Festspiele.

53 Auch Brechts Telefon wurde vom FBI überwacht.

54 Das FBI führte eine Akte über Feuchtwanger. Nachdem er die amerikanische Staatsbürgerschaft beantragt hatte, mußte er sich zahlreichen, sehr unerfreulichen Verhören unterziehen, dem letzten einen Monat vor seinem Tode.

55 Lion Feuchtwanger starb am 21. Dezember 1958 in Santa Monica, nachdem ihm der 1933 aberkannte Doktortitel wiederverliehen worden war. 1957 hatte die Stadt München ihm ihren Kultur- und Literaturpreis zugesprochen.

56 Harold vom Hofe, der Direktor des »Feuchtwanger-Instituts für Exilstudien«. Eigentümerin des Hauses ist die University of Southern California (USC). Ein Jahr nach Feuchtwangers Tod schenkte Marta das Anwesen und die etwa 36 000-bändige Bibliothek der USC mit der Auflage, nach ihrem, Martas, Ableben entweder Haus und Bibliothek in Pacific Palisades zu erhalten oder die Bücher als »Feuchtwanger-Gedächtnis-Bibliothek« auf dem Gelände der USC auszustellen.

Weiterführende Literatur

Berlinische Galerie; Aus Berlin emigriert, Berlin, September 1983

Das 20. Jahrhundert - Von Nietzsche bis zur Gruppe 47, Deutsche Schiller-Gesellschaft, Marbach am Neckar 1980

Ein wahres Schloß am Meer, Der Spiegel, Nr. 52/1987

Feuchtwanger, Marta, Nur eine Frau - Jahre - Tage - Stunden, Knaur TB Biographie Nr. 2340, 1985

Humm-Sernau, Lola, Erinnerungen an Feuchtwanger, Rudolstadt 1960

Jaretzky, Reinhold, Lion Feuchtwanger, Hamburg 1984

Jeske, Wolfgang/Zahn, Peter, Lion Feuchtwanger - Der arge Weg der Erkenntnis, Stuttgart 1984

Köpke, Wulf, Lion Feuchtwanger, München 1983

Kunisch, Hermann, Handbuch der deutschen Gegenwartsliteratur, 2. Auflage. Band I: A–K, München 1969

Kutzbach, K. A., Autorenlexikon der Gegenwart, Bonn 1950

Raethel, Gert, Geschichte der Nordamerikanischen Literatur, Band 3: 1930–1988, Weinheim 1989

Skierka, Volker/Jaeger, Stefan, Lion Feuchtwanger - Eine Biographie, Berlin 1984

Sternburg, Wilhelm von, Lion Feuchtwanger - Ein deutsches Schriftstellerleben, Frankfurt 1987

Stephan, Alexander/Wagener, Hans (Hrsg.), Schreiben im Exil - Zur Ästhetik der deutschen Exilliteratur 1933–1945, Bonn 1985

Theater im Exil - 1933–1945, Akademie der Künste, Berlin 1973

Walter, Hans-Albert, Bedrohung und Verfolgung bis 1933 - Deutsche Exilliteratur 1933–1950, 2 Bde., Luchterhand 1972

Lion Feuchtwanger: Werkverzeichnis

Die Zahlen in runden Klammern beziehen sich auf die Entstehungszeit, die nicht in Klammern stehen, geben das Erscheinungsjahr an. (Aus: Wilhelm von Sternburg, 1987)

1. Romane

Der tönerne Gott (1910)

Jud Süß (1921–22)

Die häßliche Herzogin Margarete Maultasch (1922–23)

Wartesaal-Trilogie:
- Erfolg. Drei Jahre Geschichte einer Provinz (1927–30)
- Die Geschwister Oppermann (früherer Titel: Die Geschwister Oppenheim) (1933)
- Exil (1937–39)

Josephus-Trilogie:
- Der jüdische Krieg (1931–32)
- Die Söhne (1934–35)
- Der Tag wird kommen (1939–41)

Der Falsche Nero (1935–36)

Die Brüder Lautensack (1941)

Simone (1943)

Die Füchse im Weinberg (früherer Titel: Waffen für Amerika) (1944–46)

Goya oder Der arge Weg der Erkenntnis (1948–50)

Narrenweisheit oder Tod und Verklärung des Jean-Jacques Rousseau (1950–52)

Die Jüdin von Toledo (früherer Titel: Spanische Ballade) (1952–54)

Jefta und seine Tochter (1955–57)

2. Erzählungen

Die Einsamen. Zwei Skizzen (1903)

Karneval von Ferrara (1908)

Venedig (Texas) und vierzehn andere Erzählungen (1946)

Odysseus und die Schweine und zwölf andere Erzählungen. (1950)

3. Theaterstücke

a) Eigendichtungen

Kleine Dramen (Joel/König Saul/Das Weib des Urias/Der arme Heinich/Donna Bianca/Die Braut von Korinth) (1905–06)

Der Fetisch. Schauspiel in fünf Akten (1906)

Julia Farnese. Ein Trauerspiel in drei Akten (1915)

Warren Hastings. Schauspiel in vier Akten und einem Vorspiel (1915)

Jud Süß. Schauspiel in drei Akten (1918)

Die Kriegsgefangenen. Ein Schauspiel in fünf Akten (1918)

Thomas Wendt. Ein dramatischer Roman (1918–19)

Der holländische Kaufmann. Schauspiel (1920)

Der Amerikaner oder Die entzauberte Stadt. Eine melancholische Komödie in vier Akten (1921)

Die Petroleuminsel. Ein Stück in drei Akten (1923)

Wird Hill amnestiert? Komödie in vier Akten (1923)

Wahn oder Der Teufel von Boston. Ein Stück in drei Akten (1946)

Die Witwe Capet. Ein Stück in drei Akten (1947)

b) Nachdichtungen und Bearbeitungen

Ein' feste Burg ist unser Gott. Volksstück von A. Müller (1911)

Die Perser des Aischylos. Übersetzung (1914)

Vasantasena. Ein Schauspiel in drei Akten. Nach dem Indischen des Königs Sudraka (1915)

Der König und die Tänzerin. Ein Spiel in vier Akten. Nach dem Indischen des Kalidasa (1916–17)

Friede. Ein burleskes Spiel. Nach Aristophanes (1917)

Appius und Virginia. Trauerspiel nach John Webster (1918)

Der Frauenverkäufer. Ein Spiel in drei Akten nach Calderon (1923)

c) Stücke mit Bertolt Brecht

Leben Eduards des Zweiten von England. Historie nach Marlowe (1924)

Kalkutta 4. Mai. Drei Akte Kolonialgeschichte. Überarbeitung des Warren Hastings (1925)

Die Gesichte der Simone Machard (1941–43)

4. Lyrik

PEP. J. L. Wetcheeks amerikanisches Liederbuch (1924–25)

5. Berichte

Moskau 1937 (1937)

Der Teufel in Frankreich (früherer Titel: Unholdes Frankreich) (1940–41)

Lion Feuchtwanger: Lieferbare Titel (Auswahl)

Centrum opuscula – Eine Auswahl aus den Essays, Fischer Taschenbuch 5823

Das Haus der Desdemona oder Größe und Grenzen der historischen Dichtung, Fischer Taschenbuch 5708

Der falsche Nero – Roman, Fischer Taschenbuch 5364

Der jüdische Krieg – Roman, Fischer Taschenbuch 5707 (Band 1 der Josephus-Trilogie)

Der Preis – Roman, Fischer Taschenbuch 2547 (Band 3 von: Die Füchse im Weinberg)

Der Tag wird kommen – Roman, Fischer Taschenbuch 5711 (Band 2 der Josephus-Trilogie)

Der Teufel in Frankreich – Erlebnisse, Fischer Taschenbuch 5918

Die Allianz – Roman, Fischer Taschenbuch 2546 (Band 2 von: Die Füchse im Weinberg)

Die Brüder Laubensack – Roman, Fischer Taschenbuch 5367/Aufbau

Die Geschwister Oppermann, Fischer Taschenbuch 2291

Die häßliche Herzogin Margarete Maultasch, Fischer Taschenbuch 5055

Die Jüdin von Toledo – Roman, Fischer Taschenbuch 5732

Die Söhne – Roman, Fischer Taschenbuch 5710 (Band 3 der Josephus-Trilogie)

Erfolg – Drei Jahre Geschichte einer Provinz – Roman, Fischer Taschenbuch 1650

Exil – Roman, Fischer Taschenbuch 2128

Gesammelte Werke in Einzelausgaben, Aufbau

Goya oder Der arge Weg der Erkenntnis, Fischer Taschenbuch 1923/Aufbau

Heines »Rabbi von Bacharach« – Eine kritische Studie, Fischer Taschenbuch 5868

Ja – Das Ganze noch einmal – Eine Biographie in Selbstzeugnissen, Kern

Jefta und seine Tochter – Roman, Fischer Taschenbuch 5730

Jud Süß, Fischer Taschenbuch 1748

Narrenweisheit oder Tod und Verklärung des Jean-Jacques Rousseau, Fischer Taschenbuch 5361

Panzerkreuzer Potemkin – Erzählungen, Fischer Taschenbuch 5834

Simone – Roman, Fischer Taschenbuch 2530

Waffen für Amerika – Roman, Fischer Taschenbuch 2545 (Band 1 von: Die Füchse im Weinberg)

Über die Reihe »Zeugen des Jahrhunderts«

Die Sendereihe »Zeugen des Jahrhunderts«, 1978 von Dieter Stolte und Karl Schnelting ins ZDF-Programm gebracht, stellt Persönlichkeiten vor, deren Lebensgeschichte zugleich Zeitgeschichte ist. Zeugen des Geschehenen: Frauen und Männer unterschiedlicher Herkunft, unterschiedlicher Berufe und unterschiedlicher Ansichten und Überzeugungen, denen eines gemeinsam ist: ihre Ausdrucksfähigkeit in der deutschen Sprache und die Kraft, reflektierte Erfahrungen und Erinnerungen mitzuteilen.

Mit den Gesprächsaufzeichnungen entstanden Bilder des Lebens – voller Tragik oft, aber auch voller Komik. Und immer voller Weisheit. Sehr persönlich erlebt und geschildert, sind die Gespräche doch zu Dokumenten geworden, die das 20. Jahrhundert mit seinen Errungenschaften, aber auch mit seinen Katastrophen, seinen Kriegen und seinen Verbrechen spiegeln.

Viele Zuschauer der Fernsehsendungen wünschen sich eine gedruckte Fassung der Gespräche, und zwar in Verbindung mit weiterführenden Informationen zu Leben und Werk der Zeugen. So entstand der Plan, über einzelne Zeugen eine Buchveröffentlichung herauszubringen, in der das aufgezeichnete Gespräch ein wesentlicher Teil des Buches ist, die Gesamtpublikation jedoch über den bloßen Abdruck des Gesprächsverlaufs hinausgeht. Herausgeber und Redaktion haben es übernommen, jeweils einen »Zeugen des Jahrhunderts« so vorzustellen, daß jüngere Leser Erläuterungen zu Leben, Werk und Umfeld vorfinden und älteren Lesern Erinnerung und Vergewisserung ermöglicht wird.

Die Gesprächsmitschnitte für den Druck zu überarbeiten, ließ sich vor allem von dem Grundsatz leiten, die charakteristischen Eigenarten des Gesprächs, seinen Stil und die Atmosphäre der Diktion zu erhalten. Lediglich die inhaltliche und sprachliche Redundanz des frei gesprochenen Wortes wurde gestrafft, um dem Leser ein zügiges und angenehmes Verfolgen der Erzählung möglich zu machen. Gleichwohl ist auch der gedruckten Fassung eines Gesprächs vor der Fernsehkamera anzumerken, daß es sich um mündliche Kommunikation handelte. Der Zeuge hat weder eine Monographie verfaßt, noch Memoiren geschrieben, sondern sich darauf eingelassen, sich des Mediums Fernsehen zu bedienen. Ein solches Gespräch steht gewissermaßen unter dem Zeichen des »Hier und jetzt im Fernsehen«. Das bedeutet unter anderem, daß Gedanken und Fragen dem ungeplanten Fluß des Gespräches folgen, manche systematisch oder geschichtlich »fällige« Frage nicht oder erst in einem anderen Zusammenhang gestellt wird, mancher Gedanke nur in dieser Situation so und nicht anders geäußert wird. In den Glücksmomenten solcher Gespräche findet der Zeuge aus dem Augenblick im Fernsehlicht eine Erinnerung, eine Perspektive oder eine Formulierung, eine neue Einsicht in die Zusammenhänge oder ein vergessenes Gefühl für sich selbst und die Zuschauer zurück.

Daß für nicht wenige der Zeugen die freie Rede vor der Fernsehkamera ungewohnt war, wirkte sich im allgemeinen als Vorteil aus, da nicht die sonst oft übliche Medienroutine die Ursprünglichkeit der Rede verdarb.

Somit sind die Konzeption der Fernsehreihe und die Modalitäten der Aufzeichnung konstitutiv auch für die Buchreihe. Daß das gesamte Projekt »Zeugen des Jahrhunderts« für das Fernsehen der neunziger Jahre atypisch genannt werden muß – auch dies mag für das beständigere Medium Buch eher ein Vorteil sein.

Die Gespräche der Reihe sind keine schnellen Interviews mit vorformulierten Fragen und gestanzten Antworten, zum alsbaldigen Verbrauch bestimmt. Die Zeugen werden also nicht von einem »Talkmaster« vorgeführt und zur Schau gestellt; die egozentrische Selbstdarstellung des Interviewers ist ebenso störend wie die effekt- und beifallheischende Produktion von Bonmots und Kalauern.

Vielmehr lassen sich die Gesprächspartner aufeinander und auf die Möglichkeit eines zeitlich kaum beschränkten Gedankenaustausches ein. Das Ideal ist nicht das journalistisch konfrontative Interview, sondern der integrative, nachdenkliche und sympathetisch geführte Diskurs. Die wechselseitige Achtung, ja Sympathie, die geistige Wahlverwandtschaft der Gesprächspartner ist erwünscht, weil erst ein Klima des Verstehens jene Gesprächskultur ermöglicht, die hier angestrebt wird.

Die Gespräche fanden nicht in einem Fernsehstudio statt, sondern in einem Raum, der für die private oder berufliche Existenz des Zeugen kennzeichnend ist.

Auf die Aussagekraft dieser Bilder vom »Ambiente« des Zeugen muß ein Buch ebenso verzichten wie auf die Aussagekraft des Gesichtes mit seiner Mimik und seiner Geschichte. Es wäre jedoch ein Mißverständnis, wollte man ein Gespräch im Fernsehen als »bebilderten Hörfunk« auffassen. Die Sprache der Bilder fügt dem gesprochenen Wort nicht nur etwas Entscheidendes hinzu, es verändert auch die Art des Sprechens. Wer sich darauf verlassen kann, daß auch der Ausdruck des Gesichts und die Körpersprache wahrgenommen werden, formuliert anders, als wenn er sich nur auf seine Stimme und die Wörter stützen kann. Dies darf bei der Lektüre der vorgelegten Buchausgaben von »Zeugen des Jahrhunderts« nicht vergessen werden.

Die Fernsehaufzeichnungen umfassen jeweils mehr Material, als in die einzelne Fernsehsendung aufgenommen werden kann. Die zumeist auf 60 Minuten begrenzte Sendung folgt eigenen dramaturgischen Gesetzen. Die Buchausgabe stützt sich deshalb nicht auf die Sendung, sondern auf die Aufzeichnung, also auf das Gesamtmaterial des »elektronischen Archivs«, das im ZDF angelegt wurde und für eventuelle weitere Sendungen verfügbar bleibt.

Ingo Hermann

Miguel Angel Asturias

Miguel Angel Asturias: Die Maismenschen
Roman aus Guatemala. Dialog Dritte Welt 9. 19,80 DM
Der Mais ist den Mayas heiliges Nahrungsmittel. Damit Handel zu treiben ist ein Sakrileg. Dies müssen die Großgrundbesitzer bald erfahren...

Miguel Angel Asturias: Sturm
Roman. Lamuv Taschenbuch 74. 16,80 DM
»Sturm« ist der erste Roman aus Asturias' »Bananen-Trilogie«, für die der guatemaltekische Autor 1967 den Literaturnobelpreis erhielt. Schauplatz ist die ausgedehnte Plantage einer US-Fruit-Company in einer lateinamerikanischen Bananenrepublik. Ohne Rücksicht auf Natur und Umwelt, auf Leben und Eigentum der Bevölkerung setzt die Company ihre Interessen durch.
Gegenpart des Unternehmens ist der US-Amerikaner Cosi alias Lester Mead, alias Stoner. Er selbst ist Aktionär der Company, versteht sich aber als Interessenvertreter der ausgebeuteten Bevölkerung. Durch die Anlage privater Plantagen, die auf genossenschaftlicher Basis bewirtschaftet werden, und die Suche nach von der Company unabhängigen Vertriebswegen versucht er, den Widerstand der Bevölkerung in produktive Bahnen zu lenken.

Miguel Angel Asturius: Der grüne Papst
Roman. Lamuv Taschenbuch 89. 19,80 DM
Wie wird Geo Maker Thompson, ehemals Pirat in karibischen Gewässern, zum Bananenmagnaten, zum gefürchteten und bewunderten »Grünen Papst«? Vor allem skrupellos muß er sein, muß sich im »Dickicht der Städte« (Brecht), an der Börse von Chicago und in den Wolkenkratzerbüros der Stadt, in denen über die Anteile an der Bananenproduktion und -vermarktung und damit über Krieg und Frieden in der südlichen Hälfte des Kontinents entschieden wird, ebenso durchsetzen können wie in der lateinamerikanischen Bananenrepublik, die er bald vollständig unter Kontrolle hat.

Bücher aus dem Lamuv Verlag